Postpartum, Matrescence,
Et autres joyeusetés

Hélène Bastide

Postpartum, Matrescence,
Et autres joyeusetés

mindset
ÉDITIONS

ISBN : 978-2-492761-47-8

Avant-propos

La maternité, tout le monde en parle. Elle est honorée, glorifiée. Parfois même comme un but ultime à atteindre dans une vie de femme. Les images que nous avons en tête sont celles de la maternité rêvée, idéalisée, facile, vendue par les magazines, les médias, et même au sein des familles. Bien que quelques voix commencent à se faire entendre sur le non-désir de maternité, sur les difficultés liées à ce passage de vie, voire sur le regret parental, le chemin de libération de la parole sur les bouleversements que peut engendrer l'enfantement est encore long tant le tabou est puissant. Pourtant, la maternité peut être synonyme de souvenirs douloureux qui remontent, de sentiments jusqu'alors inconnus et tellement contradictoires. Une femme peut se sentir submergée par un quotidien qu'elle ne comprend plus, qu'elle ne reconnaît pas. La vague peut tout emporter sur son passage, laissant un terrain en friche à (re)construire. Mais la tête doit tout d'abord sortir de l'eau et c'est si difficile de parler, de prendre conscience que le « ça va, merci » est une façade.

Et puis, il y a cette extrême ambivalence : penser en permanence à son enfant tout en ayant le sentiment de ne plus exister pour soi-même.

Et puis, il y a l'amour, souvent, qui permet de se dépasser. Celui qui donne des ailes et permet de se transcender.

Mais la maternité est un passage, un rite initiatique qui n'est plus accompagné. Les sociétés modernes ne préparent plus les femmes à cette transition. Devenues mères, elles se retrouvent seules pour aider leurs enfants à grandir. Réellement et symboliquement. Le coparent, les proches, les amis. Ils sont présents et pourtant si absents, si lointains, presque intouchables tant les priorités évoluent. Nouvelle ambivalence avec laquelle il faut apprendre à composer.

Dans les récits qui suivent, vous allez suivre les aventures de deux femmes en postpartum. Leurs forces et leurs failles sont les plaques tournantes de la narration. Dans « Le Nombril », Olga procède à une introspection à la première personne et délivre sans filtre ses états d'être. Peu importe ce que peuvent penser les autres, il lui est nécessaire de s'évader. Séléné, quant à elle, dans « Mamatrioschka », prend conscience de son agressivité quotidienne et part en explorer la raison.

La lumière. L'ombre. Chacune de ces héroïnes en est composée. Et puis, Olga et Séléné ne sont pas si différentes. Elles pourraient même être amenées à se rencontrer tant elles partagent de points communs.

Le Nombril

Bon, je me sens oppressée physiquement au niveau du plexus solaire, c'est hyper intense. J'ai l'impression de passer sous un 36 tonnes, pile-poil entre les deux seins. Oui, ça m'oppresse, c'est très difficile à supporter.

Bon, bon, je sais que c'est bête, je sais. Je SAIS que je peux lui faire confiance, je sais que tout va bien se passer, qu'elle va gérer. Enfin ma tête sait, mon mental sait. Ils sont OK avec cette situation. Ma belle-fille va chercher ma fille à l'école.

C'est quand même moi qui ai proposé, donc évidemment, évidemment que je suis en accord avec ça. Mais mon cœur et mon plexus solaire, eux, refusent. Mais pourquoi, pourquoi, pourquoi ? Réfléchis. Est-ce que j'ai peur qu'on me prenne ma place de mère ? OUI. Est-ce que j'ai peur de ne plus être aimée ? OUI. Est-ce que j'ai peur de ne pas être la meilleure du monde ? OUI. Est-ce que je crois qu'il faut que je fasse des choses pour qu'on m'aime ? Encore OUI. Je me sens nulle de penser cela. Mais est-ce que j'y peux quelque chose ? Je suis responsable de mes pensées, mais j'ai plein d'idées qui m'envahissent. La place, la place, j'ai toujours eu l'impression de ne pas être comme les autres, l'impression d'être à part. De me métamorphoser pour me conformer à ce qu'on attend de moi. Je n'ai jamais pu être moi-même. Jamais. Jamais. Jamais. Moi, je suis qui ? Je suis la meuf qui n'a jamais su prendre sa place. Je me suis laissé bouffer depuis ma plus tendre enfance.

J'ai une sœur. Un sacré phénomène. Elle prend beaucoup de place et d'attention. Je me demande si inconsciemment elle n'a pas toujours voulu m'écraser, comme si ma naissance l'avait empêchée d'être pleinement elle-même. Enfin, j'en sais rien, mais elle pissait quand même régulièrement dans mon cosy quand je suis née. Bon, c'est normal, tout est normal. Ce n'était qu'une enfant, c'était une réaction normale. Mais quand même… Moi, depuis toute petite j'ai l'impression de ne pas avoir de place. C'est inscrit dans mon ADN, je crois bien. En grandissant, j'étais la petite fille presque modèle, je ne parlais pas, j'étais hyper discrète et pendant des années je me suis habillée en bleu jean de la tête aux pieds. Pas en bleu foncé. Je voulais me fondre dans le ciel ou dans la mer, faire partie du décor, être invisible aux yeux de tous. Exister sans exister, que personne ne me remarque. Je ne voulais surtout pas créer de soucis dans le cœur ou la tête de ma famille. J'étais la bonne élève pour mes parents, mais pas trop, pour ne pas être moquée à l'école ; la bonne copine, mais trop pour ne pas passer pour une conne. Ouais, c'était là. Chacun a son bagage, chacun a son histoire, mais ça n'explique pas pourquoi ces peurs sont ancrées dans mes entrailles.

C'est peut-être parce que je me suis sentie abandonnée pendant la colonie de vacances l'été de mes 10 ans, quand mes parents venaient de divorcer. Je pleurais tous les jours auprès de maman au téléphone. C'était l'époque où les portables n'existaient pas encore. J'appelais d'une cabine téléphonique avec des cartes à puce prépayées. Ouais, c'était un autre temps, c'était il y a bien longtemps. Pourquoi cet épisode m'a autant marquée ? Parce que papa et maman m'annoncent qu'ils se séparent et ils m'envoient en colo. On se sépare aussi de toi en quelque sorte. Tu ne nous intéresses pas. C'était la première fois. Et puis c'était une colo d'escalade. Je n'ai jamais aimé escalader. Bon, c'est moi qui avais choisi pourtant. Mais à 10 ans j'avais envie de vivre des expériences. J'ai vécu un véritable enfer. D'ailleurs je me rappelle, je roulais des Tic Tac dans la poussière en espérant que les copines de là-bas tombent malades. En l'espace d'une semaine, je suis passée de la fille modèle à la petite fille meurtrière ou meurtrie, au choix. Bon, ça, je n'en ai jamais parlé à personne. Je le porte depuis plus de 30 ans.

J'avais une couette orange durant cette colo. C'était mon doudou, quoi. Elle me suivait partout. J'avais un peu l'impression d'être à la maison. C'était le seul objet qui me raccrochait à ce que je connaissais. Bon, je ne sais pas ce qu'elle est devenue. Elle doit être à la poubelle. Le cycle de la vie. Les choses vont et viennent. Je vais demander à maman où elle est. Elle l'a peut-être gardée.

Évidemment, maman ne sait pas où est cette couette orange. Au téléphone, elle m'a parlé de Gisèle. Quand je lui ai répondu que je ne connaissais aucune Gisèle, elle s'est énervée : « Mais si, tu sais, ma grande sœur. » Je n'ai pas voulu vexer maman, qui perd la tête, mais Gisèle, je ne sais pas qui c'est, moi. Je me suis tue. Maman s'est souvenue subitement qu'elle ne m'avait jamais parlé de Gisèle. Elle m'a donc annoncé en même temps la naissance et la mort de sa sœur. Maman souffre d'un Alzheimer qui se développe vitesse grand V. Comme si maman ne voulait plus penser. Parfois, elle a des éclairs de lucidité. Elle se met à parler. J'ai essayé d'en savoir plus. Très affirmative, elle a crié au téléphone : « Ma sœur aînée, c'est Marcelle, Gisèle, c'est la benjamine et je suis la cadette ! » J'ai laissé un blanc interminable, ne sachant que répondre. Ma mère vient d'avoir 78 ans. J'ai 35 ans. Elle m'a eue à 43 ans, sur le tard, c'était une révolutionnaire. Aujourd'hui nombre de femmes ont des enfants après 40 ans, mais à l'époque, c'était *la vieille*. Je m'égare, mais il y a peut-être une histoire de place ici aussi. Bref, Gisèle. Je vais en parler à Marcelle. Elles ne sont pas proches, maman et Marcelle. Je t'aime moi non plus. Quand on se voyait, à peine la bise était-elle faite que les tensions surgissaient. Et ça, je m'en souviens comme si c'était hier. Pourtant on était en pleine campagne. Les espaces étaient tellement grands que si nous voulions nous éviter, c'était parfaitement possible. Mais quand on est enfant, on saisit sans entendre, on interprète sans concevoir. J'ai réalisé qu'il y avait un truc entre ces deux-là, mais il m'a fallu me regarder adulte pour comprendre qu'il s'agissait d'une histoire de place.

Maman est née pile-poil un an après Gisèle. Gisèle est morte à trois jours de vie, je n'ai pas compris de quoi. À l'époque, dans les années 1940, ça pouvait être de tout et de rien. Surtout à la campagne. Maman est née le 17 août 1947. Gisèle, le 17 août 1946. Quelle angoisse. Maman est lion signe lunaire, scorpion signe solaire, ascendant scorpion. Et Gisèle ? Je ne sais même pas qui c'est. Bon, je sens comme une présence, là, une oppression régulière qui se transforme en douleur aiguë dans les seins, va savoir pourquoi. Eh bien, est-ce que cette oppression, ça ne serait pas une manifestation de Gisèle? La mort n'est pas une fin en soi, bien au contraire, la mort c'est le début d'une nouvelle vie. Et quand on meurt, l'âme se détache du corps physique. Elle peut rester en contact avec le monde terrestre et parfois pour des missions bien particulières. Prendre soin d'une personne. La guider. Lui transmettre des messages. Ça peut être aussi pour des choses beaucoup moins fun. Ce qui est sûr, c'est que je sens vraiment que Gisèle est là. Je l'écoute. Rien ne se passe. Il faut que je comprenne. À moins que je ne devienne dingue.

Quand je parle de l'au-delà ou de spiritualité à Thomas, quand je lui explique que les animaux ont une conscience, que l'eau est vivante, il a ce don de lever les yeux au ciel. Il pense que ce sont des conneries. Pourtant il m'a choisie telle que je suis il y a 15 ans déjà. Cette connexion était déjà présente. Elle se développe de plus en plus. Ça a l'air de profondément le déranger. Ça ne lui plaît pas, il n'a pas envie d'en entendre parler. De ce fait, je me retrouve avec mes peurs, mes questionnements, mes craintes. Je n'ai personne à qui parler. Ma mère, ma sœur, elles sont là sans être là. Marcelle, ça doit faire 12 ans que je ne l'ai pas eue au téléphone. Par contre elle commente toutes mes photos sur les réseaux sociaux. Au moins je sais qu'elle pense à moi. Et à 80 ans, c'est une bonne chose.

J'écoute des vidéos de tambour chamanique sur YouTube pour essayer de me canaliser pendant que je travaille. Ça me fait beaucoup de bien. Vu mon état, j'ai envie de tester un voyage chamanique. J'ai découvert un mec qui en propose à 94 €. C'est hyper cher pour ma bourse. Mais j'en ai marre d'être enfermée, confinée, de ne pas pouvoir sortir, de ne pas voyager, de ne pas être en mesure de faire ce que j'ai envie de faire.

Je me laisse tenter. On mangera plus de pâtes cette semaine. Je vais voguer vers l'inconnu avec un mec depuis mon lit. Je remplis un questionnaire pour expliquer les raisons qui motivent ce voyage et pour décrire d'éventuels problèmes. Je mentionne que depuis que je suis née je n'arrive pas à trouver ma place dans ce monde, et qu'actuellement mes viscères désirent découvrir de nouveaux horizons. Le praticien m'appelle avant le soin pour me préciser que je ne dois avoir aucune crainte ni aucune attente. Tout va très bien se passer. Je réponds par la positive. Mais au fond de moi, j'ai envie de rencontrer des ours et des loups. On parle de voyage chamanique après tout. Je perçois les chamans comme des magiciens aux super pouvoirs qui peuvent te permettre d'aller au fin fond de toi-même. J'écoute une piste audio, allongée sur mon lit, je dois me laisser partir. Je suis concentrée, mon mental va à 8 000 à l'heure. Les idées s'entrechoquent, j'hyperpense. Mais je ne voyage pas. Malgré la flûte, malgré le tambour. Je vois juste un tunnel noir sortir de ma bouche. C'est hyper bizarre. Je suis super déçue.

Le lendemain, l'homme qui m'a prodigué le soin me contacte. Il me parle de recouvrement d'âme. Il m'explique que lorsque nous vivons un traumatisme ou quelque chose de très puissant, un morceau d'âme peut se détacher. Ce morceau largue les amarres pour survivre, rendant l'être incomplet. C'est un processus de protection personnelle, inconscient. Le voyage chamanique peut permettre aux parts échappées de revenir. Je n'en avais jamais entendu parler. J'aurais aimé être informée en amont, même si c'est probablement mieux d'être au complet. Chez moi, trois « bouts » sont revenus. Des étoiles très brillantes ont été réintégrées dans mon corps, dans mon âme. Pour que je vive mieux. Que je sois plus alignée. J'étais donc incomplète. Ravie de l'apprendre. Je le suis probablement encore. Je n'en sais rien.

Avec Thomas, ça fait 15 ans qu'on est ensemble. Au début on ne se voyait pas beaucoup, on habitait loin l'un de l'autre, on avait tous deux des contraintes professionnelles très présentes. En conséquence, quand on passait du temps ensemble, c'était l'explosion. C'était extraordinaire. C'était extrême. C'était toujours très court. Mais ce temps compressé offrait d'autres perspectives. On se réjouissait à l'avance de se voir. Il fallait en profiter à 400 %. On partageait tellement, tellement, tellement de choses. Aujourd'hui, on vit ensemble, si je puis dire. Dans un petit pav' de banlieue. Ce n'est clairement pas l'éclat'. Moi, déjà, je n'ai jamais voulu vivre en périphérie. J'adorais vivre à Paris, au cœur. Mais bon, voilà, la vie fait que… on fait des choix… On veut plaire à l'autre… et nous voilà dans cette maison avec jardin paysager.

En ce moment, je ressens le besoin de faire le point, d'expliquer mes certitudes et mes doutes. Je risque de passer par des moments intenses, de la joie à la peine, du rire aux larmes. Je présume. Je ne sais d'ailleurs pas encore précisément ce que j'ai envie de dire à Thomas. En fait, si, je le sais très bien, mais il va falloir organiser ma pensée. Tout est tellement imbriqué. C'est vrai que je me lançais dans cette aventure en pleine conscience. C'est vrai, même si je ne saisis toujours pas intégralement la notion de pleine conscience. Mais intérieurement, j'espérais que place nette serait faite, que je trouverais aisément mon positionnement au sein de sa famille, en un battement de cils. Il n'en est rien. Mon cœur est égratigné.

Thomas est persuadé, même après 15 ans, que je n'ai pas les épaules pour supporter son passé. Cette attitude est le reflet certain d'une maladresse de sa part. La vie est un ensemble de danses avec ses réussites et ses faux pas. Thomas n'a jamais trop su sur quel pied danser et saute du mia à la valse sans prévenir. Ensemble, nous avons appris le rythme du slow. Enlacés, à deux, éperdument amoureux, nous n'avions d'yeux que pour nous-mêmes. Quel plaisir de ne pas précipiter les événements, de prendre le temps d'entrer en communion ! Nos interminables discussions sur le monde qui nous entourait assouvissaient ma soif de savoir. Sa curiosité sans bornes, son esprit vif m'ont séduite. Sans faux-semblant je lui ai présenté mes défauts, le tableau de ma vie qu'il a accepté sans rechigner. De même pour moi. Notre bulle était exceptionnelle. Je suis tombée amoureuse pour la première fois. Un véritable amour m'animait, celui qui remplit la vie de certitudes, qui nous rend plus forts. Pourtant, la situation n'était pas simple. Mais les moments passés à deux chassaient les questions latentes. Se voir une fois par semaine pour déjeuner et un week-end sur deux (tout juste) était un tour de force. L'envie de profiter pleinement de ces instants facilitait la cohésion de notre couple. La frustration n'était toutefois jamais très loin. Quand deux amoureux ressentent l'envie de se voir, la raison a souvent du mal à s'imposer. Et pourtant, chez nous, elle a primé. Nos vies, nos obligations, nos choix ont limité le déploiement de la passion.

Régulièrement, j'entendais ma voisine jouir, dans mon petit studio parisien d'étudiante. Les murs étaient d'une finesse infâme. À toute heure du jour ou de la nuit, je l'entendais s'époumoner. Il arrivait même qu'elle trouble mon sommeil; j'étais alors dans l'obligation d'attendre la fin de l'acte pour me rendormir. Cette chère voisine remuait le couteau dans la plaie, créée par l'absence et les contraintes. Cette plaie, nous l'entretenions et il ne tenait qu'à nous qu'elle commence à cicatriser. La blessure est désormais refermée mais une trace indélébile, gravée dans la peau, a pris place, aux côtés de nouvelles lésions. Chaque être connaît par cœur l'emplacement de ses cicatrices. Mais il ne faut pas simplement s'attarder chaque jour à les admirer. Il faut se rappeler leurs messages. Elles font de nous ce que nous sommes. Elles reflètent nos choix d'existence. Thomas est mon alter ego. Nous sommes faits pour nous entendre, nous sommes faits l'un pour l'autre. Nos âmes étaient programmées pour se rencontrer. Je suis persuadée que ces instants quasi volés resteront parmi les plus beaux de notre relation. Nous étions nous. Notre amour se renforçait. Ce tour de force était réussi. Mais le rythme de la danse a inéluctablement évolué et la plaie s'est creusée…

Je pensais que faire le point serait salvateur, que je parviendrais à y voir plus clair. Il n'en est rien. Longtemps, je me suis sentie comme une plume aux côtés de Thomas. Libre et légère, délestée de toute contrainte. Vole, vole, vole, petite plume. Mais, j'ai ressenti le besoin de me reposer, et je me suis confortablement installée dans une sorte de béton en train de sécher. Cette plume est devenue prisonnière de son repos. Elle n'a plus que deux solutions. Se résigner à poursuivre sa vie ainsi bétonnée, entravée dans ses mouvements, ne pouvant ressentir le vent que par intermittence. Ou bien alors tenter de s'extraire de cette emprise, mais elle n'en sortira pas indemne. Elle risque d'y laisser des barbules, des morceaux de plume, comme des parties d'âme. Encore. À moins qu'une rafale surpuissante soit en mesure de la faire décoller et repartir de plus belle, bien qu'un peu amochée ; ou qu'une tierce personne ne l'extirpe de cette dépendance. Mais là, je ne veux même pas parler de son état. Il y a davantage de solutions qu'il n'y paraît initialement. Je crois qu'il faut que j'aille fermer les yeux. Cette déferlante de sentiments me brouille l'esprit.

Je me sens nauséeuse. Je souffre de devoir remuer tant de ressentis. Je ne suis pas du genre à lâcher en cours de route. Alors, je vais tenter d'aller plus loin. Pas après pas. Je ne peux affirmer que j'irai au bout. Je ne sais même pas où je vais, où nous allons et surtout si nous y allons ensemble, par la même route. Le chemin est parfois tellement sinueux que l'on peut se perdre de vue et se retrouver, plus tard, à d'autres moments de la vie, plus propices. Nous sommes dimanche, il est 9 h 22. Je me sens terriblement seule. Mon « mur » est estampillé d'une publication depuis 57 minutes. Quel est l'intérêt ? Et voilà, je repars dans les reproches. Je n'arrive pas à ressentir d'autres émotions, plus positives, pour le moment. Il faut dire que les réseaux sociaux ne facilitent en rien l'expression de mes sentiments. Après trois ans de relation avec Thomas, j'avais lu un commentaire de la part d'un de ses amis, soi-disant proche : « En même temps t'es celib donc pas de problème. » Cet ami répondait à une blague misogyne comme Thomas aime tant en faire, par provocation. C'était blessant, humiliant. J'ai essayé d'outrepasser ma blessure pour ne pas rester bloquée sur cet épisode. Visualisation positive. J'ai essayé, j'ai essayé, j'ai essayé encore. Je n'essaie plus. D'autant que je me souviens du rire de Thomas quand je lui en ai parlé. Thomas ne rigole plus, n'esquisse même plus un sourire. La situation est ambiguë. Notre relation nous aide à affronter nos peurs respectives. Nous marchons main dans la main, soutien indéfectible, et pourtant…

Et pourtant les réseaux sociaux je les aime. Ils sont à l'origine de notre rencontre. L'oiseau bleu, devenu croix noire, *follow* nos cœurs depuis lors. Ici, il faut que j'avoue quelque chose, un tout petit quelque chose. Chaque jour, Thomas me parlait du même sujet, la qualité de mon sommeil. Ça en devenait presque gênant. Je l'ai trouvé lourdingue. J'imaginais déjà mes 17 abonnés s'envoler vers d'autres comptes, plus intéressants et sans récurrence… Le message privé a été pour moi le moyen de substitution pour que stoppe ce questionnement public journalier. Grand bien m'en a pris. Nous avons discuté près de trois mois, jour et nuit, en nous trouvant tout un tas de correspondances invraisemblables. Je ne savais pas qui il était. Il ne savait pas qui j'étais. Et pourtant, nous nous sommes trouvés. Rien ne laissait penser que la rencontre physique complèterait une parfaite adéquation intellectuelle. Lors de nos échanges, nous nous sommes dévoilés sous notre vrai jour, sans concessions. Nous n'avions peur de rien, et encore moins du jugement. La séduction ne faisait pas partie du jeu, il n'était pas nécessaire de cacher tous ses petits travers, qui prennent plus ou moins d'ampleur en fonction des circonstances. Je comprends que l'on puisse tomber amoureux d'un condamné en cellule. Je vis la même chose, sauf que dans mon histoire, personne ne sait très bien qui est le captif.

Pour ma part, j'ai dès le début mis en avant mes défauts, mon caractère soupe au lait présenté comme caractéristique principale. Les failles acceptées de principe, nous parlions vraiment de tout et de rien. J'aimais échanger, le plus possible. J'avais une véritable soif d'apprendre, de comprendre le monde qui m'entourait. Thomas a parfaitement su répondre à ce besoin. Et en prime, il a un point de vue sur tout, issu de son expérience personnelle ou non, qui tient la route ou non. Mais il est toujours prêt à la discussion. C'est une véritable source de satisfaction pour moi. Le gars ne se désintéresse d'aucun sujet, du plus futile au plus utile. Je me répétais près de 500 fois par jour cet étonnement. C'était le début du bonheur. Mon âme rencontrait sa sœur. En fait, sans ce mode de discussions préalables, je n'aurais certainement jamais pris le temps de découvrir cet homme. Pourquoi ? La vie en va ainsi… Cet oiseau nous a mis en contact. Il ne s'agit aucunement d'un site de rencontres amoureuses. Il s'agit d'un site de rencontre des gens de la vie, d'où peut-être une plus grande liberté. L'histoire ne le dit pas. Je n'attendais rien il y a quinze ans. J'étais célibataire, bien dans ma vie, étudiante qui profitait pleinement des avantages qu'offre ce statut. Et puis, déboule et chamboule la félicité. Il paraît que c'est dans ces moments sans projection que les plus belles découvertes se font. Je confirme. Je suis tombée éperdument amoureuse de Thomas. Il a fallu que l'on échange en face à face pour que la magie opère complètement. Je ne peux pas dire que notre premier rendez-vous m'ait laissé un souvenir impérissable, je ne sais d'ailleurs même plus vraiment où c'était. J'avais tellement l'impression de rencontrer quelqu'un que je connaissais bien que je n'ai pas accordé d'importance au lieu. Tout s'est d'ailleurs déroulé très… naturellement… Il arrive que la vie mette sur notre route des individus que l'on a l'intime conviction de connaître depuis toujours. Drôle de sensation, qui met terriblement à l'aise. C'était le début du bonheur, oui. Il m'a fallu quelques mois pour comprendre que je n'envisageais plus ma vie sans lui, sentiment auquel Thomas a mis un coup d'arrêt. Nous avions pris l'habitude de rire de sa situation d'homme divorcé, jusqu'au jour où ses doutes ont pris le dessus. Thomas avait perdu ses repères. J'étais devenue transparente, voire gênante, pour lui. Une fois, à la librairie, il souhaitait changer un livre qu'il avait offert à son ex-épouse par l'intermédiaire de leur fille, pour son anniversaire. Ce jour-là, Thomas m'a prescrit de sortir de la boutique comme si l'acte d'échange était un secret. Il a certainement discuté avec le vendeur de ses goûts, à elle, pour acheter un autre roman. Je me suis sentie comme une gamine à qui son père interdisait d'avoir tel ou tel comportement. Je me suis effacée. Pourtant, Thomas est un homme qui cherche à faire le bien autour de lui, ce qui peut paradoxalement causer du tort à ses proches. À cette époque, ce mec était pour moi un superhéros, bourré de qualités qui me plaisaient énormément. Je ne me pense pas exclusive ni même trop jalouse. Mais quelle considération avait-il pour moi quand il créait ces situations ? La plaie s'enracinait davantage. Aujourd'hui, les perspectives ne sont pas les mêmes, et on ne sauve pas le monde ou son monde sans dommages collatéraux.

En fait, je ressens le besoin de justifier mes choix passés, les futurs aussi. Je ne suis pas égoïste. Je n'ai pas de mémoire. Je suis un poisson blanc, pire qu'un poisson rouge puisqu'il est passé à la machine à laver. J'ai tendance à ne sélectionner que les éléments positifs. Pourtant, ce sont les leçons tirées des erreurs qui nous font avancer.

Les critiques, nous avons toujours tendance à les percevoir comme négatives. Pourtant, ce sont elles qui nous remettent en question, nous poussent à nous surpasser. À l'heure de nos premiers ébats, je n'avais pas conscience que je me forcerais à oublier les événements brutaux. Alors que j'essaie de me remettre en question, nous voilà face à un premier paradoxe. Il fait partie d'une longue liste qui va venir émailler notre relation. Ai-je vraiment envie de me souvenir ? Le poisson blanc s'est bercé d'illusions. Pourtant ma chair est tendre et il semblerait que j'ai plus de goût que ce que laisse supposer la première impression. La comparaison n'est-elle pas flatteuse ? Moi aussi, la haute mer me fait me sentir plus vivante que la rivière. Mais le tambour de la machine est implacable, il ne laisse pas le poisson de fond en paix. Mon goût est peut-être issu de ce lavage, va savoir. Bon, bon, bon, je me perds. C'est là aussi l'un de mes vices cachés, je n'arrive pas à suivre une idée jusqu'au bout. Mon cerveau tourne à 100 à l'heure. J'ai du mal à me concentrer. D'ailleurs, je sais que j'ai la fâcheuse tendance à écouter partiellement ce que Thomas me conte. Je le coupe avant la fin en pensant que c'est terminé alors qu'en réalité il pourrait continuer de me parler pendant encore une vingtaine de minutes du même sujet. Il a l'élégance de ne pas me le reprocher, mais je me rends bien compte de son agacement, quand il tourne le nez. Le mutisme s'invite alors au bord de ses lèvres. Je tue dans l'œuf tous ses efforts et après je me plains de son silence. D'accord, je vais apprendre à écouter, dans tous les sens du terme. Mais mon empressement à vouloir prendre la parole cache un certain mal-être. Je cours après le temps, je ne veux rien laisser passer, une idée s'évapore si vite. Je me doute que Thomas est frustré.

Frustré que je ne pense qu'à moi, que je saisisse trop vite la balle quand il se décide à s'ouvrir. Frustré aussi que je lui reproche par la suite de ne pas parler. Comme seule parade, il m'invite à lui poser toutes les questions qui me traversent l'esprit. Il prétend ne pas avoir de limites et être disposé à satisfaire ma curiosité. Haaaaaaa, la belle affaire !! Au début, c'était assez plaisant de me sentir libre de le questionner à ma guise. Le filtre de la morale était suffisant pour me borner à des problématiques assez basiques. La découverte se voulait aussi progressive. Tout demander, tout de suite, où est l'intérêt ? L'enjeu de la quête est si excitant. C'est quand tout semble gagné que le jeu devient lassant. Parce que oui, parfois il arrive que ce sentiment fasse son apparition dans un couple. Rien ne se passe plus alors. Le défi exalte, celui de conquérir un cœur puis de le garder. Si cette perspective n'anime plus ni l'un ni l'autre, autant se séparer. Nous, nous avons pris en compte d'autres paramètres.

Thomas ne voulait pas me parler de son passé, pour ne pas me contrarier. Mais se taire, c'est être secret. Certes, je ne voulais pas que ce thème soit celui qui occupe toutes nos pensées, mais pour mieux le comprendre, mieux appréhender ses attentes, ses désirs, je crois que j'avais besoin de quelques clés. La recherche et la découverte sont des plaisirs sans bornes. Mais quand un sujet devient quasi tabou, il est difficile de dépasser ses propres angoisses. Je ne suis pas policière, j'ai déjà suffisamment de casquettes à mon actif, alors non, je n'avais pas envie de le harceler de questions. Il me disait et me dit encore en permanence qu'il répond à tout. C'est vrai, je ne peux pas le démentir. Mais il doutait. Le téléphone n'était jamais loin, presque toujours dans les mains de Thomas. Il ne le lâchait jamais, répondait à un message en moins de 30 secondes. Les amis sont primordiaux. Thomas utilisait l'outil internet comme une source précieuse de lien. Je ne lui en ai jamais fait le reproche, même si je me questionnais. Je l'accablais peu, à cette période. Je ne voulais pas ajouter une charge supplémentaire qui aurait pu être difficile à supporter pour Thomas. A contrario, quand il passait des week-ends entre potes, il n'envoyait aucun texto. Il avait bien entendu le droit de vivre sa vie sans être suspendu à son téléphone. Mais c'était étrange et affreusement blessant, ce grand écart. Et je ne devais pas lui en parler, sinon il me reprochait d'être une gamine. C'est malin. Être discret, c'est être secret. Je crois pouvoir dire qu'au début c'est normal que l'on ne s'offre pas sur un plateau d'argent. Le mystère doit progressivement être percé, les meilleurs moments d'un début de relation assouvissent cette recherche. Nous n'étions plus au commencement, Thomas persistait à ne pas vouloir m'en dire plus. Je m'astreignais à ne poser aucune question. Au jeu du plus bête, la puce aurait dû me piquer l'oreille. Bon, si on est très honnêtes, avec Thomas, dès l'aube de notre relation ça a quand même été très compliqué. C'était absolument passionnant, mais très compliqué. Il ne voulait pas que j'aie les clés de chez lui, après plusieurs mois de relation. Je me suis énervée. Thomas avait les larmes aux yeux. J'ai été meurtrie de l'avoir blessé. Je m'en souviens comme si c'était hier. Mais en fait, hier comme aujourd'hui, je suis tellement en self-control permanent pour ne pas craquer sur des éléments qui m'offensent que parfois je dégoupille, avec violence. En définitive, c'est souvent moi qui pleure. Pathétique. Je ne sais pas me gérer et je me justifie avec le passé, avec mes blessures à vifs. Thomas me raille sur ce point alors que lui-même est abîmé en raison de ses expériences passées : l'histoire familiale ne peut pas expliquer tous les comportements.

Mais nous formons un papillon, avec Thomas. Nous sommes deux ventres qui se sont rencontrés, chacun avec son aile et son antenne. Notre union nous offre la liberté de voler où nous voulons, ensemble pour l'éternité. Selon mes grandes convictions que la vie n'avait pas encore ébranlées, je me disais que le partage du quotidien scellerait notre amour. Je me trompais, ô combien je me trompais. Aujourd'hui, je me sens en chute libre dans cette répétition sans fin. Parfois, je deviens même agressive. Nous avons du mal à nous parler. Comme au début. Je n'entrais pas dans le vif du sujet. C'est différent aujourd'hui. Je ne veux plus de détours. Pourquoi perdre son temps en fioritures ? Le papillon a une espérance de vie très limitée. Merde, Thomas, merde, pourquoi ? Parce qu'on ne sait pas où l'on va ? La faute à qui ? À lui ? À moi ? À nous ? Je n'ai pas la réponse. Je n'ai pas les réponses. Ce n'est pas simple, pas binaire. Aidons-nous à résoudre nos problèmes, encore devons-nous les identifier. Je me lance. J'arriverai peut-être à mettre à jour des soucis et, pourquoi pas, certains axes de solutions. Qui sait. C'est long. Tout n'est pas perdu.

J'ai mon jardin secret, très secret, rien qu'à moi. Je refuse que quiconque le pénètre. C'est mon espace sacré. Parce qu'aujourd'hui, je me sens envahie. Sept jours sur sept. J'ai le sentiment que Thomas met en lumière tout ce que je fais mal. J'ai le sentiment d'être emplie de critiques négatives à longueur de journée. Je n'ai plus aucun moment où je me sens en paix, en sécurité, où tout va bien. Je me sens en permanence agressée. Dès qu'il ouvre la bouche, je crains le reproche qui va s'abattre sur moi. EN PERMANENCE ! J'ai l'impression de vivre en enfer. Je n'ai plus aucun moment d'extase, ces moments de découverte, ces moments géniaux. Nous continuons à faire plein de choses ensemble. Mais le quotidien me broie. La routine me broie. Je ne la supporte plus. Être en permanence ramenée à des tâches ménagères monotones, je n'en peux plus. Dans mon corps, je ressens comme des parcelles qui s'écartèlent dès qu'il en est question. Je ressens ces parties d'âme qui veulent se barrer. Alors oui, il faut passer l'aspirateur, faire des courses, des machines. J'accomplis d'ailleurs des efforts colossaux pour que la maison soit rangée, que la poussière ait disparu, que la baignoire soit libérée de toute trace de cheveux. COLOSSAUX ! Si ça ne tenait qu'à moi, je me laisserais vivre. Mais je fais des efforts énormes, permanents, pour que Thomas soit content, pour que quand il rentre, je n'aie pas de réflexion à propos d'un objet qui ne semble pas être à sa place. Mais ça ne suffit jamais. Thomas a toujours un truc à redire. Je n'en fais jamais assez pour lui. Pourtant Thomas cherche toujours à me faire plaisir. Thomas est très, très, attentionné, bien plus qu'au début. Mais moi, Olga, le quotidien me bute la vie. Je suis submergée par ces tâches routinières et ça me fatigue.

Je ne me sens pas libre. Je me sens engluée, dans cette banlieue. Ça me pèse. C'est horrible. Je n'y arrive plus. Je suis morne. Je suis oppressée. Peut-être qu'en fait mon oppression physique n'est due ni à ma belle-fille qui va chercher ma fille ni à Gisèle, mais juste à ma vie. Ce sont strictement mes choix, je n'incrimine personne, je n'incrimine pas Thomas, ni ma famille, ni mes amis, ni les sept générations avant moi, mais là, c'est trop. J'essaie de comprendre mes sentiments, mes émotions, j'essaie de me comprendre. En regardant ma vie. À la question « comment je me vois dans cinq ans ? », je suis incapable de répondre. Morte peut-être. Les choses changent vitesse grand V. Le monde devient à moitié fou, on a vécu des confinements, une pandémie. Il s'est passé des événements extraordinaires et incroyables en tellement peu de temps. Qui est capable de prédire comment sera le monde dans cinq ans ? Pas moi en tout cas. J'espère juste que je serai partie de cette banlieue. Mais pour aller vivre où, pour faire quoi ? Je ne sais pas. Ce que je sais, c'est que j'ai envie de voyager, d'être libre de faire ce que je veux, ne pas être dépendante de l'argent, pouvoir me dire *OK si on veut partir six mois en Inde eh bien on part six mois et on découvre l'Inde.* On s'enrichit des personnes qu'on va rencontrer, des lieux, on va vivre des choses qui nous font vibrer le cœur. J'ai envie de signer pour ça. Mais voilà toujours des excuses, elles sont brassées en permanence, en permanence : on ne peut pas être libre parce qu'il faut des sous, on ne peut pas être libre parce qu'il y a la famille, oui, mais il y a aussi la scolarité. Oui, mais oui, mais oui, mais. Il n'y a que des oui, mais ça me fatigue la tête. Je suis intimement persuadée que des enfants, quel que soit leur âge, apprennent beaucoup plus en voyage qu'à l'école, assis sur un banc. Alors oui, effectivement, la grammaire, les divisions et les fractions, il faut bien les apprendre et l'école sert aussi à ça. Je suis d'accord. Mais la sociabilité de l'enfant se développe en voyage. Je crois même que c'est incomparable. L'enfant s'ouvre à la culture d'un autre pays, s'adapte à des situations absolument inattendues, ce qui n'arrive jamais en cours. L'école, c'est un moule. Il faut s'y conformer.

L'enfant est noté. Si la note est mauvaise, l'enfant est nul. Alors qu'en fait, il est extraordinaire et n'est tout simplement pas fait pour ce gabarit. Mais ça, personne ne le comprend ni le défend. Ça me rend dingue. Je n'ai pas envie que ma fille se conforme à un archétype qui fait souffrir tellement d'enfants. Les enfants excellents à l'école s'emprisonnent dans une matrice rigide. Telle une plume dans du béton.

D'ailleurs, en parlant d'enfant, je me souviens de la première rencontre avec la fille de Thomas, à Disney. J'avais très soigneusement choisi mes vêtements, même si la perspective de m'asseoir dans un grand huit ne laissait que peu de place à l'imagination. J'avais surtout apposé sur mon visage un peu de rose à lèvres et de fard à joues pour ne pas ressembler à une face de lune ou à un poisson blanc. J'étais tellement pâlotte à cause du stress. J'ai pris le RER un dimanche matin à 7 h 30. Je n'avais pas le plaisir de partager mes émotions. J'étais seule, seule avec le stress qui me tenaillait le ventre. Et ce RER me ramenait inévitablement à des souvenirs passés, enfouis, devrais-je dire, de ma propre rencontre avec ma belle-mère de l'époque, celle qui partageait la vie de mon père à ce moment-là. Combien de fois ai-je pris seule cette ligne, non encore majeure, pour me rendre dans la maison de cette personne. La volonté de partager du temps avec mon paternel motivait à l'époque les quatre heures de train que je me coltinais tous les 15 jours, pour en définitive n'apercevoir que quelques instants celui que j'étais venue voir. J'espérais que cette journée, qui me renvoyait étrangement 10 ans auparavant, ne se déroulerait pas de la même manière. En ce jour si spécial, j'avais besoin d'attention. J'étais une jeune adulte, indépendante et autonome. Je le répétais assez souvent. J'avais bien conscience que la fille de Thomas était une enfant. Mais je ne savais pas précisément quelle place je devais occuper ni même comment j'allais être reçue. La place, encore. Je ne suis ni une pièce rapportée ni un outsider. Je suis moi, Olga. Et tout dépend du point de vue. Dans le monde, il existe une infinité de modèles de parenté. Dans beaucoup de ces modèles, les parents biologiques ont un rôle annexe. Cela nous paraît lunaire, à nous, Occidentaux, qui avons fondé notre société sur la famille nucléaire, même dans les familles avec des enfants adoptés. En ce jour de rencontre, j'espérais surtout que ma relation avec la fille de Thomas serait basée sur une confiance mutuelle, une sorte de bonus par rapport aux enfants qui n'ont pas vécu l'expérience du divorce. C'est le cas aujourd'hui. J'ai une affection sans limites pour une enfant qui n'est pas la chair de ma chair. C'est un sentiment très différent de celui que j'éprouve pour ma fille. Ma fille, je l'ai dans mes tripes. Je l'ai voulu intensément pendant plusieurs mois. Je l'ai portée. Ma fille et ma belle-fille sont un peu comme le rap et le jazz. Ce sont en quelque sorte des sœurs jumelles bi-choriales, bi-amniotiques, c'est-à-dire qui évoluent dans les mêmes conditions *in utero*, mais avec des existences bien séparées. Chacune son eau, chacune sa poche, chacune son placenta, son arbre de vie. Le jazz, ma belle-fille, est né avant. Le rap, ma fille, est né après. Thomas préfère le jazz, la musique qui a révolutionné le monde. Sa fille aînée l'a fait devenir père et rien au monde ne pourra lui faire de nouveau ressentir cette fierté. Je peux l'entendre. Mais ce sentiment engendre chez lui une immense préférence. C'est bien qu'il ait le courage de l'assumer. Il sera d'autant plus difficile pour lui d'accepter d'avoir un troisième enfant. Je ne ressentirai probablement jamais cela. Je ne pourrai jamais témoigner en ce sens. C'est sûr qu'avoir un enfant change la perception de la vie. Probablement que le deuxième ne change pas aussi essentiellement et radicalement cette perception, je n'en sais rien. Ma grand-mère m'avait dit une fois que mon père me préférait à ma sœur. C'était très étrange, très étonnant. Encore relativement naïve, je lui avais répondu que c'était impossible qu'un parent préfère un enfant. Je me rends compte que si. L'expérience et l'âge démontent les fausses idées. J'avais été chamboulée par cette déclaration et aujourd'hui, en tant que maman, je la comprends au plus profond de mon être. Ce qui me fait mal pour ma fille, c'est me dire que son père préfère sa sœur. Ce n'est vraiment pas qu'il ne l'aime pas, mais il a une vraie préférence. J'ai beaucoup de mal à l'accepter. Il faut être honnête. Je pense que ça ne fluidifie pas nos relations.

Ma mère m'a dit que Thomas allait m'offrir des cadeaux pour se faire pardonner. J'ai été surprise. C'est vrai qu'à une époque, Thomas me faisait des surprises presque tous les jours. Je trouvais que c'était trop. Je lui en avais fait part et l'avais considérablement vexé. Il a arrêté. Je m'en veux. J'aimais ces cadeaux. Je me sentais valorisée. Je m'en suis privée comme si je ne méritais pas ces offrandes. Or, Thomas le faisait de bon cœur. C'était sa façon à lui de dire « je t'aime ». Il verbalise aussi qu'il m'aime, chaque jour. C'était un petit plus, tant pis pour moi. Ma mère a gardé en mémoire cette période. Elle n'arrive pas à se souvenir de l'évolution de notre relation. Le fait de lui parler d'un événement et qu'elle l'ait oublié la fois d'après m'a toujours offensée. J'ai l'impression d'être transparente, inintéressante. J'ai tenté de m'adapter. Moi qui ai une mémoire d'éléphant, j'avais décidé d'épargner mon cerveau et de ne plus l'encombrer des discussions que nous pouvions avoir. C'était très surprenant. Mon envie passagère de ne pas m'intéresser intensément aux êtres qui m'entourent m'a surtout rendue malheureuse. L'effet miroir que je voulais produire n'a eu aucun impact sur les autres et encore moins sur maman, pour qui le spectre de la maladie était encore lointain. C'est uniquement moi qui en pâtissais. Alors, je laisse aujourd'hui s'exprimer mes besoins. Je suis un être humain et non une machine dans laquelle les données sont effaçables. J'ai surtout intégré que si l'autre ne se rappelle pas notre échange, ce n'est pas contre moi. C'est son fonctionnement. Nous sommes différents. À cette même époque de l'oubli forcé, Thomas avait peur d'annoncer notre relation à sa famille. Il a mis des mois avant de se décider alors qu'il connaissait déjà toute la mienne. C'était étrange, ça aussi, mais j'en garde un doux souvenir. Le jour J de la rencontre avec sa mère, je me suis sentie valorisée. C'est ridicule, mais j'attendais une sorte de validation. On épouse aussi sa belle-famille, après tout.

C'est trop ouf cette vie, je ne sais pas, je ne sais plus. Je me sens fragmentée, bizarre, en colère. Contre moi, tout le monde, personne. Je ne sais même pas contre qui. Je suis fatiguée. Et pourtant j'aime la vie, je suis une amoureuse de la vie, j'aime tout de la vie. Mais pas dans ces conditions. J'avais des problèmes que je considérais comme existentiels il y a 14 ans quand il était question de rencontrer ou non la mère de Thomas. Aujourd'hui, je me sens juste *pas à ma place*. Où est ma place dans ce monde? Le métier que je fais n'a aucun sens. J'ai changé

50 fois de job en deux ans. Je n'arrive pas à me stabiliser parce que je m'ennuie profondément. Je sens que j'ai une intuition très forte. Mais qu'en faire ? J'ai compris il y a bien longtemps que je n'étais là pour sauver personne, j'ai déjà du mal à me sauver moi-même. Quel sens donner à ma vie ? Franchement, je ne sais pas. J'ai envie de profiter de ma vie (*partir en Inde ?*), et dans sa forme actuelle, je n'y arrive pas. Il faut que je me libère de ce poids et que je trouve ma place. Je crois que le vrai problème, c'est que je n'ose pas briller. Au fond de moi et en toute humilité, j'ai l'impression d'être exceptionnelle, extraordinaire. Pas plus ni moins que les autres, mais j'ai des capacités hors normes. J'ai su m'adapter à tous les emplois qu'il m'a été donné de faire, à toutes les situations. Je suis en difficulté bien sûr parfois, je ne suis pas sans faille. Bien au contraire, j'en ai des milliers, mais je m'adapte. J'ai l'impression d'être très souple.

Sauf au lit.

Au début avec Thomas c'était vraiment la folie, c'était vraiment génial. Mais je dois faire un triste constat. Je n'ai jamais joui avec un homme depuis le début de ma vie sexuelle, et encore moins avec Thomas. Il est attentionné, doux, mais pas imaginatif. C'est tout le temps la même chose. Et presque programmé. Quand on fait l'amour, c'est souvent le soir, sur le canapé. Il commence par un cunni, puis il me met sur le dos et il me pénètre. Éventuellement, il me soulève un tout petit peu les jambes ou me tourne sur le côté. Il ramone pendant un temps infini. Il finit par jouir. Il ne s'est même pas intéressé à mon plaisir. Parfois je lui signifie par des petits bruits qu'il me fait mal, que je voudrais qu'il change de rythme, de position. Rien n'y fait. Thomas ne se laisse pas aller. Il a un côté mécanique, un objectif dans le rapport : l'éjaculation. Tant que la finalité n'est pas atteinte, il ne se sent pas bien. Mais une relation sexuelle se passe à deux. Alors, moi, je subis, je subis souvent. Je lui propose parfois des alternatives : allumer des bougies, créer une ambiance sympathique, mettre des dessous sexy. Alors là, Thomas est hyper excité. Il éjacule au bout de 38 minutes, au lieu des 45 habituelles. C'est horriblement long. Je me fais chier et surtout je ne jouis pas. J'ai tout juste du plaisir. Quand Thomas vient me voir tout mielleux, je sais qu'il n'a qu'une seule envie : foutre son sexe dans le mien. Eh bien moi, je n'ai pas envie. C'est une corvée. Je ne suis pas qu'un cerveau qui réfléchit et qui fait chier, une bouche qu'on embrasse, des seins qu'on malaxe et un sexe qu'on pénètre. Je suis un cou qui éveille les sens, un ventre qui catalyse les émotions, des cuisses qui renforcent le plaisir. Les petites étincelles d'excitation qui existaient au départ, absolument indispensables pour s'offrir, ont disparu. Éteintes. Les parties fun qu'on pouvait faire à l'extérieur, au bureau, au cinéma, tout ça n'existe plus. Les soirées avec Thomas… sans Thomas, au téléphone. Maintenant tout est automatique. Il faut faire l'amour, de temps en temps. Thomas a envie, moi non. C'est d'une tristesse infinie. Je n'ai aucune idée de la façon de faire renaître cette petite étincelle de vie. Dès que Thomas fait des allusions sexuelles, j'ai envie de l'envoyer sur la lune. J'ai l'impression d'être un vieil objet sexuel dégueulasse. Je n'ai plus envie de faire l'amour dans ces conditions. J'aime Thomas. Mais sexuellement, c'est une horreur. J'ai déjà pensé à le tromper, mais qu'est-ce que ça m'apporterait ? Le trahir durant quelques heures, dans l'espoir de jouir, dans l'espoir de trouver un homme qui sache enfin répondre à mon plaisir ? Ce n'est pas avec un plan Q que ça pourra arriver, pas pour moi. J'ai besoin d'être animée par une forme de respect pour la personne avec qui j'ai un rapport. Et éprouver du respect veut dire connaître *a minima* cette personne. Il est clair qu'aujourd'hui je n'ai absolument pas envie de me lancer. Je désire, avec Thomas, développer une sexualité qui respecte les besoins et les envies de chacun. J'en ai suivi des séminaires et des webinaires pour tenter de comprendre comment insuffler une énergie nouvelle sur ma sexualité ! *Comment l'œuf de yoni va vous reconnecter à votre vie intime ? Guérir votre féminin sacré.* Ou encore *Ton cœur te parle, apprends à l'écouter*. Dans mon quotidien, ça n'a eu absolument aucun effet, à l'exception d'alléger mon compte en banque. Ma sexualité est au point mort. Je me morfonds. Rien d'épanouissant. Pourtant j'aime le sexe. À la base, c'était même un des piliers de notre relation. Ça me dépite. J'en ai déjà parlé à Thomas, bien sûr. Je lui ai expliqué que je n'étais pas épanouie, que je me sentais mal. Il a rigolé : « Ça va, c'est pas si mal. » La réaction du vieux beauf. Il faudrait que je me contente de ma petite vie. Mais je mérite d'avoir une vie grandiose. Comme tout un chacun. J'ai envie de m'en donner les moyens. Sauf que Thomas ne comprend pas ce principe. Ça participe au fait que je me sente complètement submergée par une vie qui ne me fait pas vibrer. Qui rêve d'une destinée plan-plan ? Peut-être que je m'empêche de jouir parce que mes parents n'ont pas joui ensemble, parce qu'ils ont divorcé quand j'étais très jeune. Le langage du corps. En revanche, je veux être tout le temps en contact avec Thomas, lui prendre la main, le sentir, le toucher. J'ai peut-être peur qu'il s'envole, alors que ça lui ferait tellement de bien. L'oiseau bleu s'est bien métamorphosé. Je ne sais pas, je ne me comprends pas. Mes réflexions vont loin, trop peut-être, mais pas encore assez profondément. Je reste à la surface de ma vie.

Est-ce que tout ça n'est pas lié? Je rêve d'avoir un deuxième enfant. Être enceinte était un moment de pur bonheur. Accoucher aussi. C'est possible. Je n'ai pas eu de douleur, c'était totalement puissant, j'étais parfaitement préparée. C'était magique. Je me suis transcendée. Et depuis que je suis maman, j'évolue tellement vite. J'aimerais vraiment tenter l'expérience d'un deuxième. J'ai vraiment envie de construire une famille avec plusieurs enfants. Mais c'est Thomas qui impose sa temporalité. Il a des arguments vaseux: le manque d'argent, de temps, la fatigue engendrée par une nouvelle organisation, le temps passé ensemble qui fondrait comme neige au soleil. Il est persuadé que si nous avions un autre enfant, nous deviendrions des étrangers l'un pour l'autre. Il verrait aussi la fréquence des rapports sexuels s'effondrer. Hypothétiquement. Rationnellement. C'est accablant, lassant, assommant, infiniment. Vraiment? OK, si nous procréons de nouveau ensemble et qu'on manque d'argent, que va-t-il se passer? La banque va venir saisir notre maison? Nous allons finir sous les ponts? Un enfant, les premières années, c'est très prenant, voire aliénant, durant certaines périodes. Je n'étais plus vraiment moi-même. Je ne serai plus jamais la même. Une autre raison, c'est que nous n'avons pas *tout à fait* les mêmes principes éducatifs. Nous élevons nos filles dans le respect et l'amour. Mais je suis pour le maternage proximal, à savoir un allaitement prolongé, une chambre partagée avec l'enfant pendant plusieurs mois, un portage en écharpe quotidien. Je suis pour laisser l'enfant développer ses capacités sans que ses parents projettent leurs propres peurs sur lui en lui disant *surtout ne fais pas ça tu vas te faire mal, tu vas te blesser*. Je suis pour laisser l'enfant libre avec un cadre sécurisant. Thomas veut dresser l'enfant. Qu'il soit seul, autonome, dès ses premières heures de vie. Il faut qu'il sache gérer ses émotions, que ce soit un petit adulte en puissance. Il ne doit pas demander d'aide. Il doit savoir manger seul, changer sa couche seul, se baigner seul. C'est du délire. Est-ce moi qui délire ? Peut-être que mon sentiment d'oppression vient de là aussi, d'ailleurs. Je réalise que les premiers mois de la vie de ma fille ont été particulièrement difficiles. J'étais très mal dans ma peau. Je voulais tout faire, je voulais être irremplaçable, parce que j'avais envie que les choses se fassent comme moi je l'entendais. Non pas que ma technique éducative soit la meilleure de l'Univers. Mais je sais qu'un tout petit enfant est immature sur le plan cérébral, qu'il a besoin d'un ou plusieurs adultes de référence pour le réconforter, et lui apporter une sécurité physique et émotionnelle. Seul dans son lit, cet enfant trop jeune n'a pas suffisamment développé sa confiance en lui pour se sentir en sécurité. Ma fille est partie à un mois de vie dans sa chambre, Thomas n'en pouvait plus de l'avoir à côté de nous. Il n'en pouvait plus de se réveiller plusieurs fois par nuit. C'était trop pour lui. Un soir, il a exigé qu'elle aille dans sa chambre. Moi, comme une conne, j'ai accepté. Cette nuit a été la pire de toute ma vie. On m'arrachait un bout de moi. Ce n'est pas du tout ce dont j'avais envie. Moi, j'avais envie qu'elle reste là, près de moi. Parce que les enfants et peut-être même les parents en ont besoin. C'est physiologique. Dans la nature, il n'y a aucun petit qui s'éloigne au bout de quelques jours de vie de sa mère ou de son père, sauf quand il s'agit de la survie de l'espèce. Dans aucune espèce de mammifère on ne voit ça. C'est inhumain, *inanimal*, *inmammifère* même peut-être. Ces termes n'existent pas, mais ne devrait-on pas les inventer ? « In » : préfixe privatif. Ces mots sont pour moi très justes : c'est contre la nature de l'enfant et c'est prouvé par 1000 publications scientifiques. Ce n'est pas un délire des parents du XXIe siècle. Dans toutes les cultures, *à l'exception de l'occidentale*, les enfants restent à proximité des parents, des adultes, des figures de référence. C'est comme ça qu'ils apprennent et qu'ils arrivent à s'autonomiser. Eh bien non, les Occidentaux ont inventé la poussette, en pensant que c'était le meilleur outil de tout l'Univers. Cet objet est érigé en symbole de réussite. Les poussettes valent des centaines, voire des milliers d'euros. Compétition entre parents : qui a la plus belle ? celle qui a le plus de rangement ? la moins encombrante ? La moins, la plus. Mais c'est inhumain. C'est tout. Je suis en colère contre notre monde, contre mon monde.

Une copine m'a proposé de m'accompagner dans une séance d'art-thérapie. Elle me sent vulnérable et je crois qu'elle n'a pas tort. J'ai accepté. Il en est ressorti des révélations magnifiques. Je devais prolonger une image que j'avais découpée dans un magazine. C'était une paire de seins. Le prolongement était d'abord noir puis de plus en plus lumineux. J'allaite ma fille depuis trois ans. Le parcours du combattant. Je crois que plein de femmes aimeraient donner le sein, mais il y a un défaut d'accompagnement. Je ne prône pas du tout l'allaitement pour tout le monde, chacun fait bien ce qu'il veut. Chaque femme doit respecter son corps, ses envies et être en accord avec ce qu'elle fait ; cela vaut aussi bien pour le biberon que pour la femme qui décide de nourrir son enfant au sein. Il n'y a rien de sexuel dans cet acte. Si une femme veut allaiter son enfant pendant trois jours, trois mois ou trois ans, libre à elle. Je m'interroge sur la raison pour laquelle les hommes se sentent rejetés de ce binôme mère-enfant lorsque la femme fait ce choix ? Peut-être parce que c'est animal, instinctif, sauvage, et qu'on n'aime plus ça. Le nouveau-né au contact de la peau du sein de sa mère ressent l'odeur du liquide amniotique dans lequel il a baigné pendant neuf mois. Cette odeur le guide dans la transition vers le monde extérieur. Pourquoi alors cette crainte pour l'homme de ne pas avoir sa place ? De se sentir dépossédé ? En manque de puissance ? Parce qu'il ne décide pas de tout à ce moment-là ? Parce que ce n'est pas l'homme qui choisit quand l'enfant a faim ? Ce n'est pas l'homme qui impose l'heure à laquelle l'enfant doit prendre son biberon ? Il ne sait pas non plus quelle quantité précise est bue par le bébé. Arrêtons le délire de vouloir tout contrôler. Pour Thomas, je suis un être anormal. Il ne comprend pas cette volonté d'allaiter mon enfant. Le héros ne se sent pas reconnu dans sa paternité. Il ne se sent pas à sa place, pas à la place qu'il aurait espéré avoir. Comme quoi, tout le monde a des problèmes de place, des attentes et des espoirs. Quand il veut faire l'amour, il me touche les seins. J'ai systématiquement droit à une réflexion bien sentie *: ta fille les a bien tous les jours, c'est à mon tour*. Alors non, non, mes seins m'appartiennent à moi, Olga. Uniquement. Je n'ai eu aucun problème pour que ma fille tète pendant trois ans. Il y a eu des périodes où je pouvais être agacée, fatiguée. C'est certain. Mais c'est mon corps, c'est mon choix. Quand Thomas se met à me toucher les seins alors que ce n'est pas une option envisageable pour moi, je deviens dingue et il s'énerve. Il dit aimer mes seins et les trouver magnifiques. J'en suis ravie, mais ce n'est pas pour autant que j'ai envie qu'il les touche. Je n'ai pas d'autres explications à lui donner. Parler est la clé. J'essaie. Je mûris. J'écris. Je dessine.

Je suis dans une phase dépressive. Je crois qu'il faut le reconnaître. Depuis un mois, je pleure tous les jours. Plusieurs fois par jour, même. Depuis un mois, je n'ai plus envie de rien. Depuis un mois, je ne parle plus à mes ami·es ; quand j'ai de leurs nouvelles, je n'en ai absolument rien à foutre. Je n'ai pas l'élan de répondre. Je n'ai vocation qu'à être seule, en paix, je ne veux plus jamais que quelqu'un me sollicite. Je rêve d'avoir cinq minutes pour moi, de faire de la peinture. J'ai envie de faire du dessin. J'ai envie de prendre du temps pour moi. L'art-thérapie m'a réveillée. Mais je n'ai pas ce luxe, je me sens complètement aliénée par Thomas qui me sollicite en permanence, à peine ai-je commencé quelque chose. Ma fille aussi me touche tout le temps. Mes récepteurs sont complètement saturés. Ce n'est pas juste une phase un peu difficile. Je me sens vraiment au fond du trou et je continue de m'enfoncer. La poutre du salon peut-elle supporter mon poids ? Je ne crois pas… D'autres options me traversent l'esprit. Heureusement que le port d'armes n'est pas légal en France. Et personne ne me demande comment je vais véritablement. Je vais mal, très mal. Ce n'est pas permanent, c'est-à-dire que je suis encore capable de donner le change. Mais dès qu'un événement sort de la norme, je me mets à pleurer. Il peut s'agir de l'emplacement de l'éponge sur l'évier. J'essaie d'être proactive et de m'en sortir. Mais toute seule… Ma fille a arrêté de téter. Il y a trois semaines. Cet arrêt était facile, parfaitement volontaire de sa part, plutôt doux. Est-ce que mon mal-être est en lien avec le bouleversement hormonal ? Tout à fait possible. Est-il lié au décès de ma mère ? Tout à fait possible. Mon réservoir affectif est vide. C'est la fin d'une grande étape. À la fois dans la vie de ma fille et dans la mienne. Mais je n'ai personne à qui en parler. Tout le monde me dit : ÇA Y EST, C'EST FINI, ENFIN. Je devrais être soulagée, paraît-il ! Personne ne prend la peine de savoir ce que je ressens. Personne ne prend la peine de savoir comment moi je le vis. Personne ne me demande comment je vais, moi, en tant que femme, en tant que mère. Suis-je contente ? Triste ? Est-ce que ça me fait quelque chose ? Est-ce que je me sens bizarre ? La société n'aime ni l'allaitement ni Alzheimer. J'ai coché les doubles cases de la norme avec ces arrêts. Tout le monde est super content. Y compris Thomas. Je n'arrive pas à trouver l'espace en moi pour m'exprimer. Les foutaises du style *tout finit toujours par passer,* ou encore *la vie est cyclique*, je te les fous au cul. Il faut réussir à gérer le quotidien et à sortir la tête de l'eau. Physiquement. Émotionnellement.

Je ne sais pas comment m'en sortir. J'ai du mal à trouver du sens à ma vie. Je sens toujours plus fort l'appel de mon intuition, elle m'invite à m'écouter, à l'écouter. Je tire les cartes depuis des années. J'ai débuté la communication facilitée avec ma fille depuis sa naissance. C'est comme un coup de téléphone : je me connecte à son cœur et nous échangeons plus ou moins longuement en fonction de ce que nous avons à exprimer, à confier. C'est une sorte de télépathie, absolument magique. Mais Thomas me dit que je suis paumée, que je suis mal dans ma peau, que je délire. Il renforce cette idée reçue que l'humain se rapproche du monde holistique pour les mauvaises raisons. Alors que je SENS, je SAIS que cette pratique peut m'élever, peut m'emmener vers l'épanouissement, donner un sens à ma vie, me faire comprendre pourquoi je suis sur Terre. Rien de moins. Je ne suis pas sur Terre pour faire métro-boulot-dodo. C'est certain. Je vais trouver des solutions. C'est certain. Même si Thomas me tombe dessus. Même s'il bride ma créativité. Je vais m'en affranchir ! Même si je n'y arrive pas encore. En attendant, je me sens vide. Vide parce que je n'arrive pas à faire ce que je veux. Je me meurs à petit feu. ***NORME***, je t'emmerde. Mes priorités ne sont pas les tiennes.

Thomas a tellement peur. Mieux vaut prévenir que guérir. Mais à ce point-là, ça s'appelle avoir peur de vivre, peur de son ombre. Pourtant l'ombre ne se détache pas de toi, elle te suit partout. Je ne sais plus quoi dire, faire, ou penser. Mon quotidien est si lourd. Je m'effondre intérieurement. Je ne veux pas survivre. Thomas était fun, aimait l'aventure. On s'est pris 15 ans dans la gueule. Mais merde, comment tu peux radicalement changer en 15 ans ? Il faut que je m'évade. Ça devient vital, urgent pour le bien-être de toute ma famille. C'est trop. Je n'ose pas être moi-même. J'ai peur, moi aussi. Peur qu'on me juge. J'ai même peur du gâchis, comme si l'âme des produits non consommés entièrement allait venir me hanter depuis les tréfonds de la poubelle. Quand j'étais très jeune, je mettais presque tous les jours du vernis à ongles. Aujourd'hui j'en pose deux fois par an : pour mon anniversaire et pour les fêtes de fin d'année. C'est tout. J'ai même encore des vernis que Thomas m'a offerts quand on s'est mis ensemble. J'en ai utilisé 1/15e environ.

Toujours est-il que je les garde. Pourtant, on sait très bien que les vernis sont saturés de produits toxiques. Qu'après un, deux ou trois ans d'ouverture grand maximum, il vaut mieux s'en séparer. Mais non, je n'y arrive pas, tant que le flacon n'est pas parfaitement vide. Je le conserve jusqu'à la dernière goutte. C'est plus fort que moi. Je ne sais même pas où jeter ces produits. Mais je veux bien m'en mettre sur les doigts. C'est antinomique. Je n'arrive pas à faire les choses qui ne sont pas dans le bien, que je ne considère pas comme bien. *Ce n'est pas bien de jeter un flacon de vernis non terminé*. On m'a appris que c'était mal. Ça pollue. Mais MERDE. Il faut que je me libère de ces croyances à la con. Bien, mal, bien, mal, bien, mal ! Sans être dans l'hyperconsommation, acheter un vernis tous les deux ou trois ans, c'est raisonnable, même si ça n'est pas très fun parce que c'est toujours la même couleur ! Ça ne laisse pas beaucoup de possibilités de s'amuser. Au lieu d'aller très occasionnellement dans un salon où j'aurais le choix des couleurs, où les nanas sont des professionnelles, où le vernis serait parfaitement posé, eh bien non, je le fais chez moi. Parce que j'ai des vernis. Voilà où j'en suis dans ma tête. C'est pathétique. Je m'autocensure. Il est temps que je change, et pas que de vernis.

Pour me donner bonne conscience, je fais de la peinture avec mes vernis périmés. Je m'éclate. Je plonge des objets dans un mélange de vernis et d'eau, des marbrures sublimes en ressortent. C'est très réussi. Je suis si fière de moi. Il faut savoir faire de ses faiblesses des forces. J'en mets absolument partout. J'aime être sale, en avoir plein les mains et avoir l'impression d'avoir travaillé. C'est très agréable. Hier, j'ai pris le temps de nettoyer mon matériel. Tout mon matériel. Sauf la bonde de l'évier. J'ai oublié. J'ai été flashée par Thomas. Immédiatement. Il a repéré l'oubli. Déferlante de reproches. Violente. Je lui ai répondu, humblement : « Veux-tu que je te montre ce que j'ai fait ? » À ma grande surprise, il a répondu oui. Comme c'est un peu le bordel dans ma tête, c'était le bordel sur les objets peints. Thomas est resté silencieux. Un moment interminable. Puis il est sorti de la pièce en déclarant qu'il allait préparer à manger. Comme il ne sait pas mettre de mots sur ses sentiments, qu'il ne sait pas s'exprimer, il agit. Il comble le vide de paroles par la nourriture. Le repas était excellent. Nous n'avons plus reparlé de mes œuvres. Ce qu'il y a au fond de moi est très sombre. Peut-être a-t-il eu peur. Il y avait aussi du rouge, la couleur du sang. Mon œuvre n'est ni simple ni ordonnée. Elle partait dans tous les sens : tâches, traits, pointillés, épais, boueux. Il y a de la matière, du relief. Tout ce que Thomas déteste. Il faut être lisse. Ce n'est pas moi.

Ce soir, on s'est encore engueulé. À propos de notre fille. Tout est parti d'une réflexion. *Elle arrivera définitivement toujours à ses fins.* J'ai osé prendre ma fille dans les bras pour la monter dans sa chambre. Elle pleurait, elle voulait que ce soit maman qui, pour une fois, l'aide à s'endormir. Généralement, c'est Thomas qui s'occupe du coucher. C'est plus simple et plus rapide. Cette réflexion acerbe m'a pilonnée. Je n'ai pas su comment réagir. J'ai hésité entre crier très fort, pleurer ou l'insulter. Ce putain de sentiment d'oppression m'a de nouveau envahie. Les larmes aux yeux. Le cœur battant à tout rompre. Je me suis énervée. Et lui avec son regard presque innocent n'a pas compris la tempête qui s'éveillait. « Ce n'est pas méchant », m'a-t-il rétorqué. Non, certes, mais c'est tellement désagréable. Tellement. Il faut de nouveau faire comme Thomas a envie. Je n'ai pas la place de dire : moi, OLGA, je veux que ça se passe à ma manière. Je suis obligée de me battre pour avoir une place. Notre organisation aurait pu être tellement simple : exceptionnellement, j'accompagne ma fille dans sa chambre parce que je *ressens* qu'elle en a besoin, je l'endors, il reste en bas en attendant. Ce qui est compliqué avec Thomas, c'est qu'il est persuadé qu'il faut inculquer la frustration aux enfants dès le plus jeune âge ; les adultes risquent sinon de générer des enfants rois, capricieux, impatients. Ce que Thomas ne comprend pas, c'est que favoriser la confiance en soi d'un enfant, c'est miser sur son avenir. Thomas n'est jamais allé explorer ses blessures. Pourtant Thomas est un homme et un papa génial, hyper investi. Fou d'amour pour ses filles. Un papa en or. Le meilleur de l'Univers. Toute leur vie, ses filles pourront compter sur lui. Il déplacerait des montagnes pour elles, de jour comme de nuit. C'est quelqu'un de confiance. Sur le plan matériel, il assure. Néanmoins, quand il s'agit de gonfler la confiance en soi, c'est une autre histoire. Il a toujours cette remarque déplacée. C'est toujours sur le ton de la rigolade. Toujours. Mais ce fonctionnement crée une insécurité énorme. J'en paye les conséquences. J'ai envie de lui dégommer la gueule quand c'est moi qui suis concernée. C'est hors de question qu'il fasse subir cela à ma fille. Dans toute remarque, il y a une part de vérité. Cette répétition permanente… Toujours relever ce qui dysfonctionne. Ma fille ne subira pas cela. Je l'emmerde et je fais comme bon me semble. Sauf qu'envoyer tout paître ne me protège pas des réflexions. Intérieurement je brûle, je me consume. Mon plexus solaire va exploser tellement je refoule mes émotions. Mais je vais contre vents et marées. J'ai la perception que Thomas ne fait aucun effort. C'est à moi de me conformer à sa façon de voir la vie. L'homme sait mieux... surtout avec l'expérience d'une première. Ce n'est pourtant pas un monsieur-je-sais-tout. Loin de là. Mais c'est un monsieur-j'ai-un-avis-sur-tout, qui me plaisait tant au début. Bien souvent, d'emblée, Thomas décrète que j'ai mal fait une chose. Après réflexion, peut-être, en ayant mis sa mauvaise foi de côté, il pourrait, peut-être, dire que, peut-être, finalement ce que j'ai fait n'est pas si mal. Voilà sa façon de fonctionner. Thomas n'est jamais très chaleureux. Il est tiède, sinon froid. L'enthousiasme juvénile a disparu de sa personnalité. Ça me rend infiniment triste.

Je me sens tellement seule. Ce ne sont pas mes trois potes qui vont m'aider à m'en sortir. Ils ne prennent même plus de mes nouvelles, comme si mon sort leur était devenu indifférent. Aucun d'eux ne s'inquiète de comprendre pourquoi je ne réponds pas à leurs sollicitations. Allez appeler ça des amis. Je m'entends bien avec mes collègues, j'ai des échanges quotidiens avec des copines, des copains. Mais au fin fond de mon cœur, je suis seule. J'ai l'impression de vivre avec un fantôme que je croise occasionnellement : *bonjour, pardon, au revoir*. Je n'ai pas d'échanges francs et sincères, aucun partage. La difficulté quand je parle de ce sentiment de solitude à mes proches, c'est qu'ils se sentent tout de suite agressés. Mais être seule et se sentir seule sont des notions bien différentes. On peut être très entouré et se sentir vide et seul. C'est une réalité. Elle ne remet pas en cause l'investissement du cercle. Se sentir seul, c'est avoir des besoins, vitaux, qui ne sont pas entendus, pas comblés par l'entourage. Encore faut-il connaître ses besoins. C'est aussi une réalité. Aujourd'hui, je sais que je n'ai envie de voir personne, que parler pour ne rien dire ou pour combler un vide existentiel est au-dessus de mes forces. J'essaie de parler à mon cœur. Il s'anime. Je suis ravie, je me sens légère. Mais neuf fois sur dix, je suis interrompue parce que le planning est chargé.

On a tout le temps quelque chose à faire, un programme à tenir. L'imprévu ou la surprise n'ont pas leur place. Trouver le temps d'enterrer maman a été un tour de force. Pour moi qui aime tant la nouveauté, c'est dur à vivre. Un enterrement est-il une nouveauté ? Je serre les dents. Il va falloir que je trouve une issue avant d'être avalée par la tempête de sable. Toute cette vie est le fruit de mes choix. Je sens qu'il faut que je parte pour que ma vie change, pour que je m'en sorte. Peut-être que j'ai une réaction radicale, que je ne saisis pas ce qui se présente devant moi, que je porte trop d'attention à des détails. Mais quand Thomas se trompe de prénom entre ses deux filles, je ne le supporte plus. Est-ce si difficile de se souvenir des deux prénoms ? De faire cet effort intellectuel ? Toute petite, quand mon oncle s'emmêlait les pinceaux entre ma sœur et moi, mon feu intérieur s'allumait. J'avais envie de tout brûler. C'est toujours le cas. Ce serait probablement intéressant de comprendre pourquoi je ressens cela.

Je vais partir au Pérou pour une retraite. Quand je l'ai annoncé à Thomas, je lui ai expliqué que c'était ça ou qu'il devrait s'occuper seul de notre fille jusqu'à la fin de sa vie. J'allais me foutre en l'air. Il a accepté. La retraite entre femmes nommée *Find Your Place* est encadrée par des sages-femmes traditionnelles péruviennes. Elle est faite pour moi, même si je trouve le nom un peu con. Elle vaut une fortune, mais je m'en fous. Thomas a fait à moitié la tronche durant toute ma préparation. J'ai besoin de partir, de voyager, de découvrir autre chose. Une semaine : deux jours de voyage, cinq jours sur place.

Pendant cinq jours, je n'ai parlé à quasiment personne. Le bonheur ! Je ne parle pas espagnol, mais point besoin n'était de parler. La danse, le chant sont un langage universel. C'était suffisant. J'étais seule avec moi-même. Ces moments d'isolement me manquent tellement. Juste être posée là, ne rien faire. Ne pas me mettre la pression parce qu'il y a telle ou telle tâche à accomplir. Juste être. Dans le moment présent. Regarder. Je découvrais le concept des retraites. Certains rituels étaient forts, fiévreux. J'en décris précisément un à Thomas. Un matin, la sage-femme traditionnelle vient me chercher. À ses côtés, j'ascensionne et nous parvenons à un point crucial de la ville. Je sue et j'arrive presque en transe devant une faille naturelle qui s'est creusée très profondément dans la roche. On peut apercevoir le magma si on se penche un peu. Je regarde cette plaie de la terre qui fait étrangement bourdonner mes propres cicatrices. Je me détourne de cette hypnose et aperçois des piscines naturelles de-ci de-là. L'eau est à 42 degrés. C'est très chaud. L'initiation débute dans une piscine très isolée. La sage-femme traditionnelle m'invite à me mettre nue et à m'installer dans l'eau. Je n'ai pas peur de la nudité. Nous sommes seules. Je m'exécute instantanément. J'aime l'eau chaude ; pénétrer dans ce bain est aisé. Je suis dans un état méditatif, après la marche. Naturellement, je m'immerge, les yeux fermés, au sens propre comme au sens figuré. Cette eau m'appelle, elle me susurre qu'elle a des choses à me transmettre, à me révéler. Je pénètre son antre. Je m'assois et perçois une multitude de couleurs : du vert, du jaune, du rouge. C'est tellement beau. Longtemps, je reste assise. La sage-femme installe un tipi au-dessus de ma tête. Je me sens comme dans l'utérus de ma mère. *Qosqo* en quechua signifie « le nombril ». Je suis dans le nombril du monde, qui me ramène à mes propres origines. Le soin prodigué par la sage-femme traditionnelle me transforme.

Une fois le chapiteau dressé, la praticienne passe une main sous mon bassin, l'autre se pose au-dessus de mon pubis. Je me sens si légère, si bien. Elle donne de très légères impulsions, à droite, à gauche, à droite à gauche. Je danse. Mon bassin oscille, puis mon ventre. Progressivement, tout le haut de mon corps se met à danser : la poitrine, les épaules. Droite. Gauche. L'eau me parle. Une louve se présente à moi. Calme, puissante, parfois hésitante. La voilà. Mon corps porté par l'eau continue seul son mouvement de balancier. La sage-femme traditionnelle me dépose un liquide gelé dans le nombril. Je ne supporte pas qu'on me touche le nombril. Ce contact me déclenche des sensations tout à fait désagréables dans le sexe. Dans cet état second, je sens, je sais que c'est pour mon bien. Le liquide est visqueux. Mon nombril est plein, le puits est plein. Il déborde. Mon bassin poursuit sa danse. Je n'ai plus rien à faire. La sage-femme remet de l'huile, qui coule sans cesse. L'intensité des lumières augmente. Elles se transforment. Du jaune, du rouge, de l'ocre. Les couleurs du phœnix. Les couleurs de la renaissance. Suis-je en train de renaître à moi-même ? Ce rituel est-il fait pour que je renaisse à moi-même ? Moi femme moi mère moi enfant. J'ai besoin de comprendre pourquoi je suis sur Terre, d'affirmer qui je suis. Je me laisse porter. Le mental ne doit pas s'emballer. Les couleurs du phœnix. Tout s'éclaire, tout est limpide. Gisèle est présente. Elle me parle. Elle m'annonce que c'est à moi de couper les liens ancestraux toxiques. C'est à moi que cette charge incombe. Pour ma fille. Il est temps. Ce poids inutile qui repose sur les épaules des femmes de la famille depuis tant de générations. Ce poids qui m'empêche de vivre, qui m'oppresse, qui m'aveugle. Je sens que j'ai besoin de m'alléger. Mon nombril se vide, se remplit. Il reste toujours quelque chose. La sage-femme remet de l'huile. L'huile coule. Elle en remet. Mais je sens bien qu'au fond, l'huile reste. L'huile que la sage-femme a déposée la première fois reste ancrée. La surface se renouvelle. Pas cette part primaire. La surface fait des rencontres, va et vient. Cette renaissance par mon nombril passe par l'évacuation de tout ce qui stagne. Je n'aperçois plus la louve, ni Gisèle. Les couleurs se sont éteintes. J'ai les yeux fermés ; il fait très noir. J'ai beau essayer de les ouvrir, tout reste noir. Je n'ai pas peur. Je ne mentalise pas tout, Dieu merci. Il faut que j'aille pénétrer mes parts d'ombre. J'ai toujours trouvé ce concept très obscur, mais j'en comprends à l'instant la signification. Mes parts d'ombre contiennent ce que je brime, ce que je m'empêche d'exprimer. Une chose un peu honteuse aux yeux d'une part de la société, mais que j'adorerais être : artiste ! C'est aussi la violence en moi qui a envie de tenir l'affiche. Quand j'ai envie de tout détruire. C'est vraiment très sombre.

Je vois ma fille, ma belle-fille. Thomas !! Je suis surprise. Ils sont autour d'un cercueil, on est en train d'enterrer quelqu'un. Je regarde de plus près. Ils ne me voient pas.

Ils enterrent Olga. Je me trouve belle dans mon cercueil. Reposée. Je croise mon âme. C'est bizarre. Je me vois en train de me voir. J'observe. Encore. J'observe. Il ne se passe rien. C'est à moi de bouger ?

Salut! Tout le monde sursaute. Le mouvement de balancier de mon bassin se stoppe, l'espace d'un infime instant. Je suis paralysée. Ils ont peur de moi. Je les ai surpris. Que dois-je faire? Le balancier reprend. J'entends de la musique, j'ai envie de danser. Je les invite à danser. On fait une ronde. Tout le monde, tout mon monde s'aime. Il n'y a plus aucune rivalité. Il y a juste une famille qui bouge ensemble, en rythme, les compétences des uns soutenant celles des autres. Nous sommes en communion. Je suis simplement celle que j'aimerais être : simple et joyeuse.

Subitement, je me sens mal. Je vomis. Je vomis mes tripes. Cette vision ne sonne pas juste du tout. Nous dansons dans le noir. Et puis moi, je suis morte à côté. Mon corps est encore là. Je mets le doigt dans mon nombril. J'ôte cette huile visqueuse qui me dérange au plus haut point. Maintenant, elle me colle au pouce. Je creuse autant que possible cette cicatrice universelle. La sage-femme en remet continuellement. J'ai envie de lui hurler d'arrêter, que c'est trop, que j'ai besoin de me détacher de ce fond qui me colle au nombril depuis ma naissance. Et pourtant, sans cesse, la sage-femme en remet. J'en ai plein les doigts. J'en mets sur mon visage. Ce fond de moi se retrouve sur mes lèvres. Je voudrais que le rythme change. Ça ne tient qu'à toi, pourquoi attendre la validation, qui doit te dire ce que tu as le droit de faire ou de ne pas faire? Acte ce qui te semble juste et bon pour toi. Doucement je m'assois dans l'eau. Une bourrasque me fait frissonner de la tête au pied. Ce vent balaie tout le noir autour de moi. Je me retrouve dans une tempête de sable. Seule. Complètement. Immobile. Je vais me mettre en mouvement. Marcher. Par choix. Sur mes deux jambes. Parce que je l'ai décidé. Je me mets debout. Plus j'avance, plus la tempête s'accentue. Je ne vois rien, je trébuche. J'avance. Je ne veux plus m'arrêter. Je hurle pour libérer toute la colère accumulée. Je hurle parce que je suis fière de moi. Je hurle parce que je suis moi, Olga. Désormais, personne ne pourra m'enseigner quoi dire ou quoi faire. Je hurle, et je pleure. Je n'avais pas pleuré aussi intensément depuis la naissance de ma fille. Comme si cet événement m'avait coupée de mes émotions primordiales, que les larmes qui coulaient chaque jour n'avaient pas de sens. Je suis devenue un soldat qui doit s'occuper coûte que coûte de son enfant, qui ne doit pas faillir, qui doit se montrer parfaite, qui doit être exceptionnelle, qui doit cocher toutes les cases. Et la mère parfaite pleure en silence. MAIS LA MÈRE PARFAITE N'EXISTE PAS. Chaque mère, chaque père, chaque coparent fait de son mieux. Me concernant, je vais communiquer et tenter d'expliquer à mes enfants pourquoi je pleure, pourquoi je ressens des émotions, en quoi c'est normal et sain. C'est ce que le sable me dévoile.

L'huile a coulé. Il ne reste plus rien. Me mettre debout a vidé mon puits matriciel et m'emmène vers un renouveau. L'huile a coulé sur mes jambes, mon sexe. Elle est désormais sur le sable et laisse des plaques. Je m'arrête. Il y a quelque chose devant moi. Je demande à l'Univers de m'ouvrir les yeux. Olga peint. Elle a des centaines de pinceaux. Elle a un tablier dégueulasse, ses cheveux sont ébouriffés. Parmi les très nombreux tableaux, il n'y en a pas un qui est terminé. Il y a de la peinture partout. Il y a de l'huile. Elle peint à l'huile, avec des feuilles d'arbre infusées. Les couleurs sont magnifiques. Elle sourit. Elle rayonne. Je vois sa famille. Tout le monde a l'air tellement heureux. OK, cette perception, c'est moi. C'est la vie que j'ai envie de mener. Au fond de moi, j'ai toujours eu envie d'être peintre. Mais… mais… Toujours ces *mais*… je ne suis pas assez, je suis trop ; beaucoup d'appelés, peu d'élus. Que des croyances qui m'ont bridée dès le plus jeune âge. J'ai toujours entendu qu'il fallait que je devienne quelqu'un. Mon rêve a été cassé. Je me suis même arrêtée de peindre pendant des années. À quoi bon peindre si ce n'est pas pour en faire son métier ? J'avais déjà bien intégré que le plaisir n'était pas utile. Non, il fallait être bonne à l'école et réussir, aux yeux de la société. Gagner plein de sous, et mener une vie sans intérêt, avec cinq semaines de vacances à l'année, allez, un petit peu plus avec les RTT, et puis c'est tout. Dans cette vision, je vois la Olga que j'ai toujours eu envie d'être. Sereine, épanouie, avec une vie simple. Je ne manque de rien. C'est tellement précieux. J'ai envie d'aller faire un gros câlin à cette femme. Lui dire que je l'aime, lui dire que je suis désolée de l'avoir tuée. Que je suis désolée de ne pas l'avoir entendue, écoutée, de ne pas l'avoir laissée s'exprimer comme elle l'aurait voulu. Je suis sincèrement désolée. De tout mon être, je t'aime. Je m'aime. Comme je suis et comme je vais être. Je ne vais plus avoir peur du jugement, des autres, de la vie.

J'ai besoin de m'asseoir. Je sens un rocher qui m'effleure les cuisses. Il m'égratigne comme pour me ramener un peu à moi, à la vie. La sage-femme traditionnelle n'est pas loin. Je sens sa présence. Elle me sourit, je lui souris.

J'observe mon corps. J'ai l'impression d'être enceinte de six mois, mon ventre a pris toute sa place. Peu importe. Je me sens bien. La sage-femme traditionnelle s'approche de moi et me tend une infusion de plantes pour que je ne me refroidisse pas. Elle me parle du nombril, de l'utérus. Elle me dit que tout est lié. Cette expérience, c'est une plongée dans les eaux matricielles, dans les eaux utérines, dans l'utérus de notre mère, dans notre propre utérus, dans l'utérus de notre enfant. Enfin, c'est ce que je comprends. Elle me laisse tranquillement sortir de mon état méditatif.

Quelques jours plus tard, elle revient me transmettre l'essence du soin avec une traductrice. La matrice utérine contient toutes les mémoires de notre corps de femme, toutes les mémoires des femmes de notre lignée, de celles qui nous ont précédées. L'utérus sert à la gestation d'un enfant et plus globalement de tous les projets. Il contient la force de vie. Il n'est pas un simple outil procréatif. C'est un organe puissant et plein de créativité. Toutes ses cellules sont imprégnées de notre histoire, de notre médecine, de nos peurs, de nos craintes, et de celles de nos ancêtres. Il est imprégné de la douleur de la perte d'un enfant, des douleurs d'un viol, des douleurs d'abus, des douleurs d'avortement, d'un accouchement difficile. Il contient aussi des mémoires positives. Mais pour se libérer et vivre pleinement sa vie de femme d'aujourd'hui, ce sont ces mémoires difficiles qui doivent être nettoyées, purifiées, évacuées, transmutées. Cette huile au fond de mon nombril a servi à cela. Nettoyer, purifier, transmuter. La sage-femme traditionnelle me livre un secret : le lien magique qui unit l'utérus et le nombril. Le renfoncement au creux de notre ventre est un espace de connexion sacré avec toute âme qui cherche à s'incarner. Si l'envie nous vient de discuter avec notre futur enfant ou notre projet, il suffit de glisser un doigt dans notre nombril dans un état méditatif. Cet échange peut même préparer les cellules utérines à recevoir cette nouvelle conception. Le nombril est la porte d'entrée vers les mondes subtils. Je suis ébahie.

Durant la nuit qui a suivi, j'ai rêvé que je devenais sage-femme. Les sages-femmes traditionnelles, mexicaines cette fois, me transmettaient leurs savoirs à propos du corps de la femme, de la physiologie, des plantes, des médicaments. Elles m'initiaient aux soins, aux antalgiques naturels, à l'accompagnement du corps et de l'âme. En France, le métier de sage-femme est une profession médicale reconnue. Les sages-femmes sont garantes de la physiologie. Elles assurent le suivi de grossesse, les accouchements, le postpartum, y compris à domicile. Elles assurent aussi le suivi gynécologique de prévention, les demandes d'interruption de grossesse. Elles ont des compétences multiples et variées. C'est un très beau métier, mais ce n'est pas celui qui me fait vibrer. Moi j'ai rêvé d'être Sage-Femme, d'accompagner les femmes dans toutes les dimensions de leur santé, d'unir le corps et l'âme. Dans la suite de mon rêve, je construisais une école de sages-femmes où ces savoirs ancestraux étaient connus et reconnus. La femme devenait puissante, quels que soient ses choix. La naissance était respectée, en écoutant la volonté des femmes qui avaient conscience du champ des possibles, de leurs forces et de leurs vulnérabilités. Chaque femme était connectée à son enfant, à son âme, à son environnement. Cette connexion permettait de détecter d'éventuelles complications. Et je me suis réveillée.

Serait-ce cela alors le rôle de la sage-femme ? Elle possèderait toutes les clés pour la surveillance, sans être intrusive, sans examen, dans le cocon du domicile. Elle serait capable, en regardant le ventre de la femme qui va donner la vie, de percevoir si l'âme qui va s'incarner a des énergies plutôt masculines, féminines, les deux, ou encore si elle est connectée à d'autres types d'énergies. Cette sage-femme, pendant le travail, d'un seul coup d'œil, d'une seule main sur le ventre de la femme, saurait évaluer l'évolution de la dilatation du col. Ses mains écouteraient le cœur des bébés, l'utérus de la future maman, et plus généralement celui des femmes enceintes ou non. Ses mains lui parleraient et seraient ses fidèles alliées. La sage-femme de mes rêves serait connectée aux animaux, aux plantes, pour apporter tout le soutien nécessaire à la femme qui enfante. Je rêve d'être cette sage-femme. Notre corps sait, mais plus personne ne l'écoute. Nous ne sommes pas initiées à entendre les messages qu'il nous transmet. Nous traitons notre corps par le mépris en espérant qu'il nous transportera aussi loin que possible. Un peu comme le placenta lors de la naissance. Il est jeté parmi les déchets biomédicaux. Il s'agit pourtant d'un organe à part entière, d'un centre énergétique précieux, d'un chakra, notre arbre de vie, le protecteur sacré de l'enfant qui vient de naître. Je rêve de savoir lire dans le placenta des nouveau-nés pour apporter des clés sur leurs missions de vie. Je rêve de tant d'autres choses. Je rêve tellement que mon utérus a triplé de volume, comme s'il avait trouvé sa place. *Enfin*. Je sens des coups. Je sens des vagues. Mon utérus est animé de mouvements humains. Ce voyage au Pérou m'a permis de prendre conscience de qui je veux être, de mes désirs ancrés. Je dois déjà soigner ma dépression avant toute chose. Je suis sur la bonne voie.

Je n'ai pas eu mes cycles depuis plus de six mois. Avec la fatigue, le stress, les complications avec Thomas, le décès de ma mère, je me suis dit que mon corps réagissait, que c'était normal. Je pensais être à son écoute. Mais l'envie viscérale d'un deuxième enfant est omniprésente et emplit toutes mes pensées. Avec mon utérus gonflé, et si… ? Je vais acheter un test urinaire. Ou faire une prise de sang. J'espère au fond de moi que je suis enceinte. Et si je me connectais *vraiment* à mon corps ? La mort physique de maman m'a libérée des contraintes de lui plaire. Elle n'a jamais validé ma façon d'élever ma fille, trop éloignée de sa vision malade du monde. Je suis enceinte. Le doute n'est plus permis. Mon utérus vient subitement de doubler de volume. Thomas n'est pas présent, heureusement. J'ai quelques heures devant moi pour accueillir la nouvelle. Je suis un peu perdue. Je me sens très heureuse. Je pleure de joie. J'ai un très gros pincement au cœur de ne pas avoir pu vivre ma grossesse en conscience, parce que j'ai adoré sentir mon enfant se développer la première fois. C'est tellement beau, ce sont des moments tellement hors du temps. Mais voilà un autre chemin, un morceau de parcours insoupçonné qui se présente. Je vais profiter pleinement des semaines qui restent. Les mois qui s'annoncent seront synonymes de bouleversement et de changement. Il va falloir trouver un nouvel équilibre familial. Je me sens très confiante. Mon rêve de créer mon école de sage-femme sera décalé dans le temps. En revanche, je ne peux pas faire l'impasse sur le suivi de ma dépression.

Épilogue

J'ai accouché chez moi en pleine puissance, dans l'eau. L'énergie de ce soin péruvien était pleinement présente. C'était magique. Indescriptible. Je me suis une nouvelle fois transcendée et j'ai eu confirmation durant mon enfantement que je serai sage-femme. Une partie de ma mission sur Terre réside dans ce savoir-faire.

J'ai commencé à me former. Je me suis associée avec des spécialistes de la périnatalité. Nous sommes cinq à co-créer notre école de sages-femmes du futur. Des professionnelles formées selon la médecine occidentale s'impliquent dans cette entreprise. C'est d'ailleurs le leitmotiv : prendre en charge les femmes d'ici, avec les connaissances ancestrales et contemporaines d'ici. La gestation est longue, pleine de remous. Nous essayons de monter une première cohorte. Nos élèves auront une certification créée par notre école, par nos propres moyens. Elle ne sera pas officiellement reconnue, dans un premier temps. Tout bouge tellement lentement. Mais petit à petit, cohorte après cohorte, nous sommes absolument persuadé·es que l'évolution s'ancrera. Dans 10 ans, nos étudiant·es seront reconnu·es comme des professionnel·les de la naissance à part entière. Moi aussi. C'est notre objectif. On y arrivera. Mon rêve se réalisera, en France.

Mon expérience avec Thomas me donne cette force d'y croire. Nous avons réussi à trouver notre équilibre. Notre seconde fille a aujourd'hui trois ans. J'ai accouché chez moi ; quand je dis chez moi, c'est dans mon cocon à moi. Ce n'est pas *chez nous*. J'ai acheté la maison juste à côté de notre ancienne demeure commune. Thomas l'a conservée. Ma voisine déménageait. J'ai proposé à mon amoureux de prendre le temps de nous retrouver, de nous reconnecter et pour cela, il fallait séparer nos espaces de vie. Paradoxal s'il en est, mais fondamental. Ce projet nous permettait de continuer à vivre ensemble, mais côte à côte. Je souhaitais que ce soit officiel, et plus un non-dit. Le chemin que je lui proposais lui déplaisait fortement. L'arrivée d'un bébé est souvent synonyme de tsunami pour le couple. Il était trop tard pour interrompre la grossesse. Ce bébé s'est imposé, pour mon plus grand bonheur. Et pour le sien aussi, au bout du compte. Nos besoins sont désormais plus facilement respectés. Thomas et moi formons un couple qui ne vit pas sous le même toit. Je me sens libre de laisser traîner la tasse sur la table le soir. Chez Thomas, c'est toujours propre et bien rangé, pour son plus grand bonheur. Nos filles circulent à leur guise entre les différents espaces. Ce choix effectué en toute franchise nous sied parfaitement. Thomas m'aime et j'aime Thomas. Nous n'étions pas faits pour vivre ensemble. Les barrières sociétales sont tombées. Nous avons réinventé notre propre modèle sans tenir compte de la *norme*. Nous partageons l'étranger ensemble. Il peut désormais confondre les prénoms, ne pas répondre à mes textos et même me toucher les seins, avec mon consentement. Mon espace mental me permet d'accueillir qui il est vraiment. La poussette, l'écharpe, le biberon et le sein font partie de mon quotidien.

La nouvelle Olga, sûre d'elle, ne se laisse plus bercer d'illusions. Du moins, j'essaie. Je fais de mon mieux. Je me regarde beaucoup le nombril. Et c'est bien ce que tout un chacun devrait faire pour respecter ses propres besoins. L'humanité ne s'en porterait que mieux. Ma dépression n'est plus qu'un lointain souvenir. Une cicatrice que j'admire chaque jour.

Mamatrioschka

Luna pleure.

Séléné pleure.

Séléné vient de crier. Très fort. Elle n'arrive pas à plier la poussette. Le petit loquet qui d'ordinaire cède sous une infime pression a décidé aujourd'hui de se rebeller. À moins que ce ne soit Séléné qui ne parvienne pas à rester calme. Et que le loquet soit comme d'habitude.

Toujours est-il que Séléné s'est énervée. Sa mère, Andrée, lui a fait remarquer :

« Tu stresses toujours ton entourage à t'énerver pour des broutilles. Tu fais même pleurer ta fille tellement tu t'agaces. À ta place, je ne serais pas fière de moi. C'est comme ça depuis des années, tu ferais bien d'apprendre à gérer tes émotions. Moi, j'ai bien su faire les valises. »

Séléné s'est mise à rigoler, nerveusement. Les larmes lui sont montées. Elles ont roulé. Grosses. Épaisses. De rage. Pas de celles qui nettoient, libèrent et purifient le corps. Celles qui crient à l'injustice.

Séléné s'est toujours juré de ne pas se confronter à sa mère, qui a vécu des événements tellement difficiles. Mais à 38 ans, la fille a envie de prendre son envol. Elle sent que ce serment qu'elle s'est fait à elle-même à la mort de son père l'emprisonne chaque jour un peu plus. Séléné bout intérieurement. La moindre contrariété la transforme en monstre cracheur de feu qui brûle tout sur son passage, sans discernement.

Aujourd'hui, tout devait être calme. Séléné devait charger la voiture. Attacher Luna. S'installer paisiblement à côté d'Andrée. Rouler jusqu'à Chartres. Prendre une glace. Rigoler. S'amuser. Mais rien ne s'est déroulé comme prévu.

Depuis que Luna est née, il y a un peu plus de deux ans, Séléné s'est métamorphosée en mère louve. Personne ou presque ne peut approcher sa fille. Le père de Luna a dû se battre pour trouver sa place. Séléné, c'est la femelle alpha. Cheffe de meute. Elle décide. Elle sait. Instinctivement. Intuitivement. Quoi dire. Quoi faire. Qui peut approcher sa fille, qui ne le peut pas. C'est impensable pour elle de ne pas intervenir lorsque Luna pleure. Elle réussit à répondre à nombre de ses besoins. Séléné sait toutefois laisser Luna quand elle a besoin de se retrouver, se ressourcer. Elle médite beaucoup, ce qui l'aide à asseoir son autorité. Elle se fait confiance pour la première fois de sa vie et, envers et contre tout, elle fait comme elle l'entend. Qui a déjà vu une femelle alpha être remise en question ? Cette assurance est toute nouvelle. D'ordinaire, Séléné est très discrète, voire inexistante. Elle n'émet que très rarement des avis, ne sait jamais ce qui est préférable. Elle se laisse porter. Sa hantise est de déranger l'ordre établi. Elle craint aussi d'être remarquée, écoutée. Au bureau, la prise de parole la fait paniquer. Sabrina, sa responsable, la sollicite à chaque réunion :

Séléné doit intervenir sur tous les points ou presque. Il faut dire qu'elle est cheffe adjointe de bureau au ministère de la Santé. Elle n'en dormait presque plus la nuit, en raison des réunions quasi quotidiennes. Mais c'était avant. Avant d'être mère. Maintenant, elle sait. Pas tout, loin de là. Elle vit d'ailleurs un questionnement majeur qui la consume intérieurement.

Cette révélation, d'être mère et de ne pas tout savoir, Séléné l'a vécue lors d'un soin d'inspiration mexicaine. Ce rituel est offert par deux femmes lors des événements majeurs de la vie : puberté, premières menstruations, maternité, ménopause, mais aussi déménagement ou mariage. Cette offrande se découpe en plusieurs phases : un échange verbal entre les donneuses et la receveuse pour fixer l'intention du rituel, un massage intuitif à quatre mains, un bain sous hutte accompagné de fleurs et d'herbes, et un resserrage du corps en sept points grâce à sept tissus rebozo. Séléné ne savait pas précisément à quoi s'attendre. Elle pensait essentiellement au resserrement de son bassin et au bon temps pris lors du massage. Elle avait encore des douleurs au pubis, consécutives à son accouchement. Elle n'avait pas imaginé les transformations profondes qui allaient opérer.

Le soin débute.

— Quelles sont tes intentions, Séléné ? demandent les organisatrices.

— Heu… découvrir ce rituel, prendre du temps pour moi. Voilà, bredouille Séléné.

Nathalie et Élodie, les deux doulas présentes, prennent en compte les demandes de Séléné. Elles boivent une infusion de plantes sacrées. La magie opère déjà. Le trio monte au second étage de la maison. La chambre de Luna, trois mois tout pile, a été aménagée pour l'occasion. Un immense tapis et des écharpes de toutes les couleurs ornent le sol. Il fait très chaud, les chauffages d'appoint tournent à fond. Des bougies, des lumières tamisées rouges confortent cette ambiance douce et chaleureuse. Avant de s'allonger, Séléné a un flash : sa grossesse a débuté il y a exactement une année ; 365 jours viennent de s'écouler entre la conception de sa fille et ce jour. Elle le confie aux doulas. Élodie est émue aux larmes. Ce rituel vient véritablement clôturer un cycle pour en ouvrir un nouveau. D'autant que la date de rendez-vous a été décalée deux fois. Nathalie avait contracté un mystérieux virus ultra contagieux, elle a préféré annuler le soin, la première fois. La seconde, Séléné souffrait d'un engorgement mammaire. Épuisé, son corps lui avait signalé qu'il fallait qu'elle se repose. La voici donc un an après le début de sa nouvelle vie. Rien n'arrive par hasard. Le massage débute : Séléné apprécie, elle entend surtout les chauffages chanter. Subitement, une pression sur son clitoris la fait paniquer : une énorme décharge électrique. Il n'a jamais été question que les doulas touchent ses parties intimes, qui ont été tant malmenées pendant son accouchement. Un long souffle sort de la bouche de la massée. Elle tente de se calmer et de se persuader que ce n'est rien. Mais soudain, ses yeux se mettent à trembler. Des couleurs bleues et vertes s'invitent sous ses paupières. Séléné se regarde vivre ce moment, comme si elle sortait de son corps. Elle sent ses mains brûler, son cœur se serrer. Elle a mal. Comment transmettre à Luna que son grand-père a été violent ? Cette question lui transperce l'esprit telle une épée qui viendrait blesser la peau malgré le port d'une cotte de mailles. La blessure est superficielle, mais personne ne peut l'ignorer. Elle nécessite des soins. Les mains de Séléné sont brûlantes. Elle ressent un très grand inconfort. Nathalie et Élodie lui soufflent à l'oreille que le massage est terminé. Les larmes aux yeux, la jeune mère recouvre forme humaine. Elle réintègre doucement son corps, reprend conscience de l'espace qui l'entoure. Elle remue les pieds, les jambes, les bras, doucement. Elle s'étire. Dans un grand râle, la louve entrouvre les yeux, se les frotte. Le retour à la réalité terrestre n'est pas aisé. De grands sourires l'accueillent : « Alors, comment s'est passé le massage ? » Séléné hésite. Elle ne connaît ni Nathalie ni Élodie. Elle les découvre depuis si peu de temps. Sont-elles ouvertes d'esprit ? Connectées aux mondes subtils ? Elle ne sait pas sur quel pied danser.

— Heu… c'était… agréable, tente Séléné.

— Souhaites-tu nous partager des éléments ? demande Nathalie.

— J'ai senti mes yeux trembler et j'ai vu des couleurs, ose timidement la maman.

— Ça arrive, répondent en chœur les deux doulas.

— J'ai aussi eu la sensation que vous aviez touché mon sexe.

— Nous avons massé uniquement tes jambes et ton dos.

Séléné ne perçoit pas les doulas comme très réceptives. Elle garde pour elle le reste de son expérience.

Les minutes qui suivent sont consacrées au bain rituel. La pièce d'eau est parsemée de bougies, une lumière douce s'en dégage. Un tipi a été installé dans sa baignoire. Séléné est invitée à prendre place en dessous. Nathalie la baptise avec de l'eau très chaude infusée d'herbes et de plantes. L'eau ruisselle sur ses épaules, son dos, ses hanches, trois ou quatre fois. Puis la doula s'éclipse discrètement, laissant Séléné à sa méditation. Elle ouvre les yeux une fois seule et fait danser les fleurs dans le bain. Être maman. L'aventure d'une vie. Une mission en elle-même. Sauf que peu de gens osent parler à voix haute de cette charge. Comme si avoir un enfant était parfaitement aisé. Une continuité. Le but ultime à atteindre. Depuis un trimestre que Séléné est maman, sa vie a radicalement changé et elle en est fière. Elle donnerait corps et âme pour sa fille. Elle prend conscience que c'est peut-être trop et qu'il faudrait laisser plus de place au papa. Mais les hommes, Séléné s'en méfie. C'est comme si elle protégeait inconsciemment sa progéniture de leur vilenie. Elle aurait d'ailleurs adoré avoir un garçon. Tout aurait été plus facile. C'est tout du moins ce qu'elle croit. Elle n'avait pas envisagé qu'aider un enfant à grandir signifiait l'élever. L'élever au-dessus de l'histoire familiale, des dysfonctionnements intergénérationnels et des schémas répétitifs, pour lui permettre d'être. D'être qui il ou elle est par essence et non par contrainte ou choix que l'on imagine faire librement alors qu'il est influencé par les attentes des autres. Séléné va devoir aider Luna à s'envoler loin de toute forme de violence. Les larmes salées qui roulent sur les joues de la maman rejoignent l'eau du bain comme pour acter cette décision.

Tremblante d'émotion, Séléné est doucement invitée à sortir du liquide chaud par Élodie, qui l'a rejointe aussi discrètement que possible. Elle lui enfile un bonnet, des chaussettes très épaisses et trois plaids. Luna a besoin de téter. Elle explose de rire en voyant sa mère aussi rouge que le plaid qu'elle porte sur le dos. La fille plante son regard dans celui de la mère. Séléné est émue aux larmes.

Elle se sent comprise, comme si sa fille la connaissait mieux qu'elle-même à ce moment précis. La tétée terminée, Luna retourne dans les bras de son papa et s'endort paisiblement.

Vient pour Séléné le moment de l'enroulement dans les grandes écharpes colorées. Les doulas prennent soin des sept chakras de la patiente du jour. Elles serrent soigneusement les pieds, les genoux, le bassin, le ventre, la poitrine, les épaules et le cou, la tête. Entièrement drapée, Séléné se sent renaître. Elle prend conscience de son corps qui a changé, avec la grossesse et depuis l'accouchement. Ses seins sont gonflés de lait. Elle en est très reconnaissante. Son ventre est resté légèrement bombé, comme pour conserver un souvenir de ce passage. Un être a habité son corps durant plusieurs mois. C'était absolument divin. Enceinte, Séléné resplendissait. Elle touchait son utérus 200 fois par jour, ce qui finalement représentait moins de 10 fois par heure, moins de 5 % des secondes disponibles sur une journée. Si les heures de sommeil sont retirées (environ huit par nuit), cette fréquence est ramenée à 12 ou 13 fois par heure, soit toutes les 280 secondes environ. Séléné faisait le tour de son monde toutes les 280 secondes. Bref, elle adorait porter la vie. Et depuis son accouchement, elle se sent vide. Comme si son corps, après avoir accompli son ultime mission, ne pouvait plus lui servir, ou tout du moins plus dans son intégralité. Sa transformation est toute neuve. Luna n'a que trois mois. Mais Séléné éprouve des difficultés à recontacter son anatomie. Entièrement enveloppée, à cet instant, elle se sent emplie de joie envers ce partenaire qui l'a soutenue depuis toutes ces années, qui ne lui a jamais fait défaut. Elle l'aime tel qu'il est. Elle sent qu'elle ne cherchera plus à être dans la norme. Merde aux copines qui lui demandent à chaque visite si elle continue à perdre du poids. Elle va désormais manger à sa faim, et peu importe si à la reprise du boulot ses collègues la trouvent encore enrobée. Elle n'est pas ronde, elle a enfanté. Avant de renaître, Séléné se promet de s'améliorer jour après jour, et surtout, de s'aimer, de s'honorer. Des larmes coulent. L'eau salée vient de nouveau sceller ce pacte. Elle roule le long de ses joues puis rencontre ses lèvres. Une partie infime glisse dans l'oreille de Séléné tandis que le reste s'écoule sur les rebozos. Un flash apparaît dans son esprit : il est essentiel de se reposer, de parler à ce corps.

Les nuits sont courtes, hachées. Elles ont le pouvoir de transformer Séléné. Avec des plages de sommeil d'environ 20 minutes d'affilée, des heures sans rencontrer le marchand de sable, à bercer Luna dans l'écharpe de portage, il arrive à Séléné de hurler de fatigue. Quelquefois, elle s'est griffé les jambes, le visage. Elle a même donné un coup de tête dans le mur, trois fois de suite. Sa force était décuplée. Elle s'est fait peur. Comme si un monstre résidait en elle, et qu'il attendait de pouvoir s'exprimer. Séléné n'a jamais eu la pensée de blesser sa fille. Ce n'est que contre elle-même qu'elle s'énerve, contre son enveloppe physique qui n'arrive pas à suivre le rythme. Elle voudrait être sans faille. C'est impossible. Elle en prend conscience. Le repos va devenir son allié.

Aujourd'hui encore, quand elle crie, la poussette n'est que le déclencheur d'une frustration enfouie. De cette volonté d'être impeccable. Cette détermination acharnée, Séléné l'a développée depuis sa plus tendre enfance. Quand son père hurlait à tout bout de champ. Il basculait dans des colères noires dès qu'un événement déviait de ce qui était sa norme. Avec les enfants, cela se produisait tout le temps : la fourchette qui tombe de la table, le pyjama resté sur le canapé, les crayons de couleur laissés par terre. Tout était prétexte à énervement. Inconsciemment, Séléné s'est éteinte, s'est empêchée de vivre, à la maison, pour faire le moins de bruit et de bêtises possible. Elle se devait d'être parfaite pour éviter que la tempête ne s'abatte sur elle, et surtout sur sa mère. C'est engrammé en elle : la jeune fille devenue adulte n'a jamais réussi à se départir de ce fonctionnement et c'est aujourd'hui, lorsque Andrée lui fait remarquer qu'elle stresse son entourage, que réémerge cette idée, près de deux ans après le rituel avec les doulas. Les larmes affluent de plus belle, à tel point que seul un rafraîchissement au lavabo la calme. Entre-temps, Andrée a plié la poussette. Elle est prête à démarrer. Luna est calme, attachée dans son siège auto à l'arrière.

Séléné est reconnaissante envers sa mère. Elle s'excuse d'avoir pleuré et de s'être énervée. Mais ses paroles ont une résonance inhabituelle. Ses mots affirment qu'elle va chercher à comprendre qui elle est. Ses tempêtes sont la résultante d'un manque chronique de confiance en elle et elle le sait. Elle va tâcher de changer le cours de sa vie et ne s'excusera plus jamais d'être qui elle est.

Un samedi matin par mois, Séléné participe à un atelier d'écriture. Ce temps est un véritable sas de libération émotionnelle. Aujourd'hui, la consigne donnée est la suivante : « Vous n'êtes pas votre émotion. Elle vous traverse. Vous l'accueillez sereinement. » L'animatrice précise que l'être humain mémorise tous les événements liés à une émotion forte. Les participants ont une heure pour plonger dans la thématique. Séléné va écrire sur la colère. Elle se lance.

Je suis en colère parce que je me mets la pression.

Je suis en colère parce que mon homme me met la pression.

Je suis en colère parce que je mets la pression à notre fille.

Je suis en colère parce que je ne vois pas le bout du tunnel.

Je suis épuisée.

Je suis en colère parce que je me sens découragée.

Je suis en colère parce que j'ai l'impression que je ne m'en sortirai jamais !!

Mais je ne suis pas mon émotion. Je ne suis pas LA COLÈRE. J'aime les volcans tout autant pour la sérénité qu'ils dégagent que pour la lave brûlante qu'ils éjectent. Ils sont un tout. Tout comme moi : SÉLÉNÉ. Je ne suis pas la colère. Elle me traverse.

Je me sens en colère parce je ne me sens pas soutenue par mon entourage.

Je me sens en colère parce que j'ai peur des jugements. J'ai peur d'être jugée sur mon maternage. Comme si les difficultés d'endormissement de mon enfant étaient le miroir de mon incapacité à être une bonne mère. Comme si j'étais incapable de prendre soin de ma fille.

Je me sens en colère parce que je voudrais assumer qui je suis. Je voudrais dire « merde » à ceux qui ne me comprennent pas. Je n'y arrive pas. Je me sens nulle.

Je me sens en colère parce que je me sens en situation d'échec. Ma vie ne se déroule pas comme je l'avais planifiée.

Je me sens en colère parce que je ne contrôle pas.

Cette colère, cette violence me donnent de la force et le pouvoir d'exister. Je me sens entendue. Mais est-ce là la seule manière ? Est-ce bien ce que j'ai envie de transmettre ?

Lorsque vient le tour de l'écrivaine du jour de lire son texte à ses acolytes, elle prévient :

« Le Goncourt, ce n'est pas pour aujourd'hui. Mais je crois avoir perdu cinq kilos rien qu'en l'écrivant. Je me sens légère ! »

Malgré cette sensation agréable, Séléné perçoit une douleur très violente dans son épaule. Elle s'est luxé deux fois cette partie du corps par le passé : la première fois à 15 ans lorsque son père lui tirait très fort sur les bras par plaisir. Ce jeu se répétait chaque matin. Séléné avait atrocement mal. Elle ravalait ses larmes, sinon son père l'aurait insultée et tirée encore plus puissamment. Jusqu'au jour où son épaule s'est délogée. Séléné a hurlé de douleur. Toute la famille a entendu le « crac » résonner. Après un temps de stupéfaction, les oreilles présentes ont perçu un « Allez, ma belle, ça va aller. Dis, tu n'as pas mal, hein ! Tu es une minette super forte. Tu es ma fortiche d'amour ».

Ce jour-là, Andrée n'a rien dit. Séléné avait envie de partir en courant. Elle n'a pourtant rien dit non plus. C'est la professeure d'EPS qui a fait venir les pompiers durant le cours. Séléné ne pouvait plus remuer son bras. Elle a été transportée aux urgences. La blessure datait de plusieurs heures. Remettre l'épaule en place a relevé d'une épreuve absolument horrible, une douleur indéfinissable, malgré le gaz hilarant. Un mois entier d'immobilisation lui a été prescrit, et quinze séances de rééducation. La collégienne n'en a jamais bénéficié. Personne ne s'est inquiété de ce qu'elle devenait. C'était la fin de l'année scolaire, Séléné s'envolait vers le lycée. À quoi bon s'émouvoir ? Pendant les vacances, Séléné se devait d'aider sa grand-mère dans les tâches quotidiennes. C'est l'esprit de famille.

Trois ans plus tard, à l'aube de ses 18 ans, Séléné s'était à nouveau luxé l'épaule. Durant son sommeil. Elle rêvait que toute sa famille était victime d'un accident de voiture sur une route toute proche de leur maison d'été. Personne ne survivait. Réveillée en sueur en raison d'une douleur foudroyante, Séléné avait tenté de se rendormir. Faire la démarche de réveiller ses parents en pleine nuit était périlleux. Elle ne pouvait présager de l'accueil qui lui serait fait.

« Ce n'est rien, ça va passer. Ça passe toujours », se répétait-elle inlassablement. Le sommeil avait même fini par la gagner. Au réveil, sa mère, effrayée de la position de son bras, lui avait hurlé dessus.

— Qu'as-tu encore fait ? Tu ne recommences pas à faire des tiennes ! C'est usant et fatigant.

Elle était partie en claquant la porte.

Séléné, ivre de douleur, s'était présentée à son épreuve de SVT du baccalauréat. Pour faire acte de présence, incapable d'écrire. Qu'adviendrait-il quand son père en serait avisé ? Séléné ne garde pas de souvenirs précis des semaines qui ont suivi. D'après les documents en sa possession, elle a obtenu son bac, sans mention et sans rattrapage, a travaillé tout l'été comme secrétaire dans la boîte de son père, et obtenu son permis. Début janvier débutait sa formation d'auxiliaire de puériculture. La voilà près de 20 ans plus tard à tenter de retrouver la mémoire et de prendre soin d'elle.

Depuis toutes ces années, Séléné n'a fait que prendre soin des autres : les enfants des autres, les mères des autres, sa propre mère, puis l'homme dont elle est tombée follement amoureuse, et enfin sa fille. Lors d'un colloque sur la prise en charge en crèche des enfants en situation de migration, une question a été soulevée dans la salle, à la suite d'une présentation.

« Mais pourquoi ces femmes font-elles des enfants ? » L'intervenant, pédopsychiatre de renom, avait répondu :

« Et vous, pourquoi avez-vous fait des enfants ? Quelles étaient vos motivations ? Aucun humain sur Terre n'est transparent quand il s'agit de la volonté de se reproduire. »

Séléné s'était alors interrogée sur ses propres motivations à avoir un enfant. Elle ne voulait ni posséder ni disposer d'un être humain, aussi petit soit-il. Les remous qui l'envahissaient quand une discussion sur la grossesse survenait étaient terribles. « Tu estimes que ce n'est pas le bon moment ? Tu crois que tu vas devoir arrêter d'écrire ? Tu n'as aucun succès de toute façon. Pourquoi ne pas te lancer ? » Certains couples mettent fin à une grossesse parce que l'équation personnelle n'est pas en faveur de l'enfant. Séléné le comprend aisément. Élever un enfant, l'aider à grandir, le chérir, elle s'en sentait capable. Mais comment transmettre son histoire familiale ? Cette question la hantait. Il lui était impossible de penser à son hypothétique accouchement sans avoir les larmes aux yeux. Son corps hurlait qu'elle n'était pas faite pour donner la vie. Alors Cyril n'a plus parlé de son envie de fonder une famille, pourtant présente depuis le premier jour de leur rencontre.

Séléné espérait que le couperet s'était éloigné. Elle observait toutes les femmes, mères accablées, qui portent le poids du monde sur leurs épaules : les enfants, les courses, le ménage, le boulot, les activités extrascolaires. À l'aube de ces 30 ans, âge fatal pour tant de femmes qui rêvent d'enfanter, elle avait écrit un poème, tandis que Cyril ne lui avait pas parlé de naissance depuis des mois :

Ô toi femme, toi mère
Toi qui aimes un autre être plus que toi-même
Ne te semble-t-il pas injuste après avoir porté ton enfant en ton sein
De continuer à porter le poids du monde sur tes épaules ?
Tu marches courbée de fatigue.
Redresse-toi ô femme accablée !
Couvre de baisers ton corps plein de rondeurs,
Couvre de baisers ton corps amaigri à l'extrême par ton investissement physique.
Apporte-toi de l'amour
Aime-toi d'abord, envers et contre tout
Quels que soient tes choix, ta vie
Tu n'en aimeras que plus les « autres ».

Séléné percevait la beauté de ces femmes qui s'oubliaient. Elle ne voulait pas en être. L'oubli de sa propre existence, elle l'avait déjà expérimenté. Ça lui avait coûté trois mois en unité spécialisée. Après avoir ingéré en une seule prise 20 grammes de paracétamol, son organisme a défailli. Pompiers, hôpital, lavage d'estomac, transfert, psy. Séléné a noirci des dizaines de carnets durant cette période, écrit des centaines de poèmes. Les trois derniers sont ceux qui l'ont libérée de ses bourreaux hospitaliers :

« L'âme »

L'âme est une amie
Parfois une mamie lorsqu'elle est venue s'incarner à de nombreuses reprises sur Terre

Une amie mamie qui anime un être
Tout simplement parce qu'elle l'aime

L'amour, lame qui supprime la mort
La langue des oiseaux s'invite parmi nous
Pour nous présenter le cycle de la vie telle une roue
qui tourne sans cesse et sans fin

L'âme libre arbitre chaque cycle

Invisible à l'œil nu
Tel un souffle de vent qui vient caresser notre joue au
bord de la mer
Nous le sentons, l'adorons ou le détestons
Mais il est impossible à nier.

Notre âme, prisonnière du corps, a choisi de nous
aimer.
Malgré les lames
Et ce pour toutes les vies

Nos blessures d'âme sont nos enseignantes
Qu'aucun être humain ne pourra jamais égaler.

« Histoire sordide »

Il était une fois Mercure rétrograde sur la planète
Terre.
Une humaine termine sa journée de boulot.
Il est 18 h.
Elle arrive à la gare.

Pas de train.
Horreur.
Humains sur les voies.
Reprise du trafic estimée à 19 h.
L'humaine sort de la gare.
Pluie.
Elle marche, longtemps.
Armée de zombies en vue. Probablement l'entrée d'une autre gare.
L'humaine se résigne, rentre la tête dans les épaules, met son masque.
Mode zombie on. Il ne faut pas se faire cramer.
Validation du titre.
Marche automatique. Avancée très lente.
Train en vue.
Grosse agitation des zombies.
Bousculade de regards vides et de bras désarticulés.
L'humaine soupire fort. Elle ne vibre pas.
Des gilets orange, armés de visières transparentes, débarquent.
Ils se frayent un chemin, péniblement.
L'humaine sait que c'est pour elle.
Elle a osé. Elle est cramée.
Ça ne va pas arranger le trafic tout ça…

« Tu me cherches ? Tu vas me trouver ! »
Mange !
Qu'est-ce qui ne va pas ?
Prends ta cuillère, mets-la dans la bouche.
Ne crache pas ! Ne te salis pas !
C'est quoi le problème ce soir ?
Ne prends pas le téléphone et mange le morceau

de pain.
Ne mets pas tes doigts dans le petit pot, tu vas en mettre partout.
OK, bon, bois un peu, ça va te faire du bien.
Non pas dans le verre, c'est dangereux.
Prends ton biberon.
Bon, puisque tu ne veux rien entendre,
Va au lit

La psychiatre avait demandé l'accès aux carnets de Séléné. Ne parlant que très peu lors des séances, elle était inapte à se souvenir des événements. « Amnésie traumatique » était estampillé en gras sur son dossier médical. Elle avait tenté de mettre fin à ses jours, mais ne se rappelait plus pourquoi. Alors elle écrivait ce qui lui traversait l'esprit. Et après trois mois, la psy avait jugé sa stabilité émotionnelle suffisante pour autoriser sa sortie. Elle ressentait l'ambivalence de la patiente, mais l'estimait en possession de ses moyens pour se confronter de nouveau au monde du dehors. Séléné n'a jamais su ce qui avait motivé cette décision. Toujours est-il qu'elle n'a jamais perdu l'habitude d'écrire.

Ses ateliers d'écriture mensuels sont une vraie catharsis. Le thème du jour est « Faire ses valises ». Séléné n'est pas très inspirée. Elle se rappelle la remarque de sa mère quelques semaines plus tôt, ce qui la bloque quelque peu. Elle observe sa voisine se lancer à cœur perdu dans l'écriture. Séléné est obnubilée, sans vraiment comprendre pourquoi. Cette femme lit son texte en premier :

« Tu vas la boucler une bonne fois pour toutes !!! » hurle-t-il à proximité de mes tympans dont les membranes sont sur le point d'exploser !

Oui ! Je vais la boucler une bonne fois pour toutes !

M'en aller, fuir loin de ce mépris, de cette violence verbale qui me laisse pantelante d'effroi et m'amenuise un peu plus tous les jours !

Oui, je vais boucler ma valise ; rien à mettre dedans, car je décide de tout laisser derrière, de ne rien emporter de cette vie-là !

Je grimpe pourtant au grenier et retrouve la valise en carton cabossée de mes voyages d'adolescente ! Je l'ouvre en grand et y enfourne mon appétit de vivre, mon espoir de me retrouver, la force qui me reste pour y arriver, ma légèreté sur le point d'être perdue !

À très bientôt mon moi ! Tu vas voir comme je vais t'aimer !

Oui ! Je vais la boucler une bonne fois pour toutes, ma valise !

Séléné se prend une baffe. Cela faisait des années que ça ne lui était pas arrivé. Une bonne grosse mandale. Des larmes l'empêchent de voir les participants. L'animatrice lui demande à plusieurs reprises si tout va bien. En elle, Séléné hurle que rien ne va dans sa vie. Rien ne peut aller. Sa mère n'a jamais été capable de boucler les valises. Jamais. Elle a préféré subir des humiliations, des agressions, des pressions psychologiques, probablement même des viols conjugaux, accoutumer sa propre fille à une vie de cauchemar plutôt que faire ses valises.

L'organisatrice secoue vivement Séléné. Celle-ci est presque aveugle. Sa voix se fait entendre :

— J'ai été victime de violence de mes 8 ans à mes 23 ans.

Un silence gêné s'installe. Les yeux piquent.

Séléné poursuit :

— J'ai essayé de me donner la mort, mais jamais personne ne m'a fait prendre conscience de ÇA. JAMAIS.

PERSONNE. C'est la première fois de ma vie que je le verbalise, que j'en prends conscience.

La victime tourne son regard vers le ciel et les larmes ne cessent de couler. Une rivière se déverse. Toute l'eau contenue dans son corps, pense-t-elle. Les participants ne savent pas comment réagir. Leur manque d'empathie ne leur offre pas la possibilité à cet instant précis de trouver les mots justes. « Peut-être que cet épisode sera le thème d'un prochain atelier », pense naïvement un des écrivains occasionnels. Mariam finit par interrompre le silence oppressant.

— Ma douce Séléné, je fais partie de l'association « Renaître pour vivre ». Des femmes, comme toi, comme moi, comme beaucoup d'entre nous, se regroupent une fois par mois pour partager une activité.

Séléné la dévisage, dubitative. En son for intérieur, elle parle à Mariam : « Crois-tu vraiment, ma chère, que j'ai une demi-journée par mois à consacrer à un loisir ? J'ai déjà à peine le temps de respirer. »

Mariam continue :

— Nous parlons, chantons, dansons, peignons, rigolons.

« Et moi, je sais jongler », se dit Séléné.

— Tu sais ce qui nous réunit toutes ?

— Une envie folle de prouver que la sororité existe, ironise Séléné.

— Je te sens sur la défensive, et c'est normal. Tu viens de vivre un choc. Je te laisse regarder sur internet et m'appeler si le cœur t'en dit.

Séléné est piquée au vif. Elle n'a qu'une envie : s'éclipser. Sous le regard gêné de ses partenaires d'écriture, elle range ses affaires et file à l'anglaise.

« Merde, merde, merde, mais que se passe-t-il ? Putain,

faut que je boive un coup. Non, que je rentre chez moi. Que je me jette sous un train, c'est peut-être la solution la plus simple après tout. Non, je n'ai pas attendu 12 ans pour finir comme ça ! »

Totalement désorientée, Séléné est attrapée par l'épaule. C'est Mariam. Elle la raccompagne chez elle.

Cyril et Luna cuisinent ensemble. Toujours jovial, son compagnon se réjouit d'avoir une invitée surprise. En observant le visage livide de sa femme, il s'interroge. Mariam tente de noyer le poisson :

— Un p'tit malaise durant l'atelier d'écriture, je crois que votre femme a très faim.

Mais Séléné en a marre des mensonges.

— Non, Cyril, mes agissements, mes sautes d'humeur, mes hurlements, c'est mon mode de fonctionnement. Mais tu sais qu'il est anormal. Purement anormal. J'ai été victime de violence. J'ai été tapée, humiliée, séquestrée. Des années durant. Je hurle pour me défendre. Je crie pour ne pas me faire agresser. Attaquer avant d'être attaquée. Je ne le supporterais plus. Tu es l'être le plus merveilleux, le plus doux, le plus compréhensif que la Terre porte. Le plus patient aussi. Tu t'énerves aussi. Oui, parfois. Quand tes limites explosent. Beaucoup d'autres auraient fui il y a bien longtemps. Il est temps que notre vie change.

Séléné serre très fort sa fille dans ses bras et plante son regard dans celui de Cyril, déterminée : « Je vous aime de tout mon cœur. Nous nous sommes choisis et rien au monde ne viendra mettre notre harmonie en péril. Ça ne sera pas facile tous les jours, mais ça sera beau. »

Le lendemain, les deux écrivaines occasionnelles s'appellent. Séléné remercie chaleureusement Mariam.

— Je crois que j'ai compris ce que tu fais dans ton association. Elle réunit des femmes qui ont vécu des violences, n'est-ce pas ?

Mariam confirme.

— Pour le moment, je ne ressens pas le besoin de partager. Je suis très soutenue par mon homme. Nous sommes forts.

— Il n'y a aucune obligation. J'ai ouvert une porte que tu es libre de pousser ou pas. Puis-je simplement t'expliquer une chose ou deux ?

Séléné est disposée à écouter des conseils.

— Tu vas probablement passer par des phases de réminiscence de certains événements. Tu vas les revivre le jour, la nuit, dans ton corps, dans ta tête. Parfois, tu vas te dire que tu ferais mieux de tout arrêter, arrêter de chercher à aller mieux, à aller bien, que tout était plus simple avant. Là, tout de suite, tu sais que ce n'est pas vrai, mais tu pourrais l'oublier. En temps normal, lorsqu'un être humain traverse un événement, difficile ou non, son corps réagit puis trouve une solution pour décharger la tension (pleurs, cris, hurlements). C'est essentiel pour se soulager. Les émotions sont naturelles et il ne faut pas en avoir peur. Elles se déclenchent spontanément. Sais-tu quelles sont les cinq émotions de base chez l'être humain ?

Séléné n'aime pas trop être dans la position de l'élève. Elle se juge toujours inférieure et peut vite devenir agressive si elle se sent trop challengée. Elle respire un grand coup. Mariam perçoit la résistance. Elle patiente.

— Heu... la colère, bien sûr, la peur, la joie. Je ne sais pas pour les deux autres et je ne veux pas les deviner.

— Le dégoût et la tristesse, ajoute Mariam. Ces émotions sont saines et normales. Elles sont le reflet d'un besoin. La colère n'est pas synonyme de violence ni d'agressivité. Ces notions doivent être dissociées. Si l'être humain les retient, ne permet pas à son corps de les libérer, elles s'accumulent, encore et encore jusqu'à créer des réactions émotionnelles excessives, qu'elles soient spectaculaires ou non.

— Tu veux dire qu'extérioriser en cassant un mur ou, au contraire, intérioriser à l'extrême en voulant se faire le plus petit possible, c'est une réaction émotionnelle excessive ?

— Absolument. Dans les cas de violence, l'adulte sent dans son corps le besoin de décharger. Au lieu de le faire sainement, il frappe, tape, bat, viole. Veux-tu que je t'explique pourquoi ?

Séléné est stimulée intellectuellement. La sensation d'être bête s'éloigne. La conversation se poursuit avec enthousiasme :

— L'amygdale se trouve dans le cerveau limbique, siège de nos émotions. C'est elle qui déclenche les fonctions de survie, à savoir l'attaque, la fuite ou le figement. Chez l'enfant et même chez l'ado ou l'adulescent de 25 ans, le cerveau est immature. Lorsqu'il vit une émotion forte, la réaction pour décharger peut alors être disproportionnée. C'est au parent d'être plein d'amour pour son enfant et son rôle est de l'accompagner dans la gestion de cette émotion. Si cette étape n'a pas lieu, une partie des connexions entre neurones ne se développent pas vers le cerveau préfrontal (c'est le cerveau de la logique et de la raison) et le petit être humain n'apprend pas à gérer ses émotions. Moins les circuits cérébraux maturent et plus les comportements inappropriés persistent. C'est une des raisons pour lesquelles on entend souvent qu'un enfant battu devient un adulte violent. T'es-tu déjà questionnée sur l'histoire de ta famille ?

— Je ne connais pas mes grands-parents paternels. Ils sont morts dans les années 1960 et mon père n'en parlait jamais, répond sèchement Séléné.

— Ce n'est pas un interrogatoire, avance doucement Mariam.

— Tu es quand même en train de m'expliquer que moi, enfant battue dans ma jeunesse, devenue mère, je vais finir par coller ma fille dans le mur. Elle est fumeuse, ta théorie, s'agace Séléné

— Pouvons-nous analyser ensemble l'émotion que tu traverses ?

— Oui, tu me saoules à raconter des inepties sur le cerveau.

— OK, très bien. Quel est ton besoin ?

— J'ai besoin que tu arrêtes de sous-entendre vilement que je suis violente moi-même envers ma fille.

— Peux-tu reformuler ce que je viens de te dire ?

— Le cerveau d'un enfant est immature et a besoin d'amour pour se développer correctement.

— Que penses-tu de cette affirmation ?

— Je fais au mieux avec ma fille, moi, merde !

— Quelle émotion ressens-tu là, tout de suite ?

— De la colère. Je me sens jugée, nulle, instable, dépassée. Je ne comprends rien à ma vie et je n'en peux plus.

— Séléné, je suis fière de toi. Tu es une mère et une femme formidable. Tu as réussi à exprimer sainement ta colère. Tu as le droit d'être en colère. Je te le répète : c'est sain.

Séléné se sent épuisée. Elle a besoin de repos. Rendez-vous est pris pour le lendemain avec Mariam. Elles discuteront, tout simplement. Pour souder sa famille, Séléné a une idée en tête.

Le temps ne joue pas en sa faveur, mais les quelques heures qui lui restent vont être mises à profit pour mettre son projet à exécution. C'est la spécialité de Séléné : quand une mouche la pique, elle doit aller au bout, rapidement ! Elle missionne Luna d'occuper son papa.

— Papa, papa, tu peux m'emmener au parc avec la tyrolienne ? S'il te plaît ? demande Luna de toute sa tendresse.

— Ma chérie, maman n'est pas très en forme, je préfèrerais que nous restions tous ensemble. Et puis, il fait un froid de canard dehors.

— Moi, j'adore les canards, s'exclame Luna. Allons les voir !

— Ça va aller, chéri, glisse amoureusement Séléné. Je vais me reposer un peu pendant votre balade. Ça me fera le plus grand bien.

Cyril hésite, voulant prendre grand soin de la mère de sa fille. Séléné ne lui laisse pas vraiment le choix. Elle détache le manteau de Luna dans le placard, lui enfile le bonnet et les gants. Voilà le père et la fille partis à la chasse aux canards. Un p'tit clin d'œil furtif scelle le pacte entre la mère et la fille.

Séléné sort acheter des Post-it en forme de cœur de toutes les couleurs. C'est un peu cliché, se dit-elle dans le magasin, mais c'est dimanche et il n'y a pas pléthore de choix ! Elle rentre à la maison et déroule une histoire sur plusieurs papiers à bande collante :

1) La Saint-Valentin, de prime abord, c'est cliché, c'est commercial.

2) La Saint-Valentin, c'est aussi l'occasion de te dire « je t'aime ».

3) La Saint-Valentin, c'est aussi l'occasion de te dire « merci ».

4) La Saint-Valentin, c'est le jour des amoureux.

Notre jour.

5) Le quotidien est ponctué de stress, de tensions, d'énervements, de mots qui dépassent la pensée.

6) En ce jour de la Saint-Valentin, je veux prendre le temps de te dire, de te rappeler, je veux que tu saches que tu es la plus belle rencontre de ma vie. J'ai découvert l'amour à travers toi. Ta douceur, tes attentions, ta bienveillance et même ton humour me donnent des ailes.

7) Tu es mon partenaire de vie, mon amour, mon amant. Je t'ai choisi toi, plein et entier. Tes défauts, je les aime autant que tes qualités. Parce que c'est toi.

8) La fatigue, les pleurs, les soirées seul n'auront qu'un temps. Nous avons toute la vie devant nous. Et qu'elle est belle grâce à toi !

9) Merci d'être toi, merci d'être là, merci d'assurer. Merci de me rendre heureuse, épanouie, confiante en l'avenir.

10) Quoi qu'il arrive, je serai là pour toi.

11) Alors oui, la Saint-Valentin, c'est cliché. Mais les photos, c'est beau, elles laissent de délicats souvenirs.

12) Avec tout mon amour, avec toute ma gratitude, joyeuse Saint-Valentin !

13) Je t'aime.

14) Veux-tu m'épouser ?

Séléné numérote et dispatche les 14 morceaux de papier dans toute la maison. Les amoureux se sont rencontrés un 14 mars, il y a 15 ans. Elle espère que ce clin d'œil ravira le cœur de Cyril, elle qui d'ordinaire n'est pas attentive à tout ça. Une bouteille de champagne les attend dans le frigo. Séléné n'attendra pas que Luna soit couchée pour lancer la chasse au trésor. Sa complice va participer à la fête !

Cyril et Luna rentrent, gelés ! Un bain bien chaud les accueille tous les deux, laissant un peu de temps supplémentaire à la performeuse du jour pour préparer sa surprise. Séléné se drape d'une magnifique robe émeraude, dévoilant son dos. Elle chausse des talons aiguilles et met une touche de rouge sur ses lèvres. Elle dépose dans la salle de bain les vêtements pour Luna et Cyril. Ce dernier l'interpelle, mais Séléné s'éclipse rapidement. Séché et habillé, le duo fait son apparition. Cyril affiche une moue contrariée, celle qu'il plaque quand les événements ne se déroulent pas comme il les avait planifiés. Séléné ne se laisse pas déstabiliser et entre en scène :

— Chéri, je ressens beaucoup d'émotions en ce moment. Je ressens de la colère, de la fatigue, une sollicitation extrême, de la solitude, de la tristesse, de la frustration et j'en passe. Mais ce soir est une soirée spéciale, alors soyons joyeux et heureux !

Elle tend un verre de champagne à son futur mari (elle l'espère) et du jus de pomme à leur fille.

— À nous ! À notre amour ! À notre famille ! Santé ! Et surtout, joyeuse Saint-Valentin !

Cyril ne semble pas se détendre, bien au contraire.

— Que se passe-t-il, chéri ? s'enquiert Séléné.

Un sourire poli éclaire le visage du futur époux :

— Dis-moi, s'empresse Séléné.

— Moi, répond Cyril.

Ce petit jeu a le don d'agacer Séléné, mais la fait aussi fondre d'amour !

— Dis, moi, j'ai quelque chose sur le cœur et je vais t'en faire part, annonce Cyril.

— Moi, j'ai quelque chose sur le cœur et je vais t'en faire part, répète sa compagne.

Cyril rigole de bon cœur cette fois. Il embrasse sa chère et tendre, et lui avoue qu'il aurait préféré passer la soirée en tête à tête. Il a prévu la livraison d'un super repas à la maison vers 21 h, après le coucher de leur fille. Séléné essaie de ne pas se sentir dénigrée et remise en cause, comme à son habitude. Elle réagit souvent avec force quand elle est contrariée. D'ordinaire, elle aurait envoyé à Cyril : « Dès que je prends une initiative, tu me casses. C'est insupportable alors que je mets tout en œuvre pour que nous ayons une belle vie ! » Aujourd'hui, c'est différent. Elle lui susurre : « Ohhh, mon amour, je ne savais pas que tu avais programmé un dîner. Nous pouvons peut-être concilier nos deux projets : tu pars à la recherche de 14 Post-it numérotés dans toute la maison, avec Luna, puis elle dîne seule, je vais la coucher et nous dégusterons ton repas plus tard. On le mettra au four pour que les plats restent chauds. »

Après un instant d'hésitation, Cyril acquiesce. Il perçoit une grande excitation chez sa fille. Lui-même étant un grand impatient, il n'a pas le cœur à émettre une autre proposition. Les coupes de champagne se rencontrent, tintent, et la recherche démarre. Tel un aigle à la vision affutée, Cyril est capable de repérer le moindre changement dans les pièces. La chasse au trésor va être rapide, bien que Séléné ait mis toute son ingéniosité au service du jeu.

Numéro 1 : trouvé dans le four ! Cyril plisse les yeux. Il continue. Numéro 2 : trouvé sous son oreiller. Il formule du bout des lèvres un « moi aussi » à l'égard de sa future femme. Il accélère : 3, 4, 5 sont découverts avec aisance. Après la lecture du 6e petit mot, il marque une pause, visiblement ému. Il s'agace sur le 7e qu'il ne parvient pas à trouver. Luna lui donne un indice : entre les chaussettes. « Mais bien sûr », se dit Cyril en son for intérieur, « entre les chaussettes dépareillées de sa mère ! » aurait-elle dû préciser. Le mot est en effet glissé dans une minuscule socquette. Il se demande même si le 8e n'a pas été introduit dans la jumelle. Encore faut-il entrer dans la tête de Séléné pour identifier les deux qui font la paire. Il fouille frénétiquement, largement pris au jeu ! L'amoureux découvre le 8 et le 9e dans une paire de chaussettes, dépareillées ! Il prend dans ses bras sa douce compagne. Il l'aime comme jamais il n'aurait pu espérer pouvoir aimer.

Petit, sa mère ne lui montrait que peu de gestes d'affection. C'est la maîtresse d'école de son village, qu'il a fréquentée de ses 5 ans et demi jusqu'à ses 11 ans, qui lui a appris à exprimer ses sentiments. Cette femme, d'une gentillesse incommensurable, savait se monter ferme lorsqu'il était question de tenir en ordre une armée d'une vingtaine d'élèves de tout niveau. Cyril l'admirait sincèrement. Elle lui offrait toujours un mot gentil ou un encouragement pour l'aider à se découvrir davantage chaque jour. Dans le cadre d'un travail de tutorat instauré par la maîtresse, Cyril a eu à encadrer l'apprentissage de la lecture des CP alors que lui-même n'avait que 8 ans. Il s'en sentait bien incapable. Mais cette femme lui a murmuré des mots qui sont restés gravés dans son cœur : « Si tu as l'envie, tu y arriveras toujours. Le chemin ne sera pas forcément celui que tu imagines, mais il t'accompagnera vers la réussite. » Cyril bouillonnait d'envie d'aider les plus jeunes à apprendre à lire, et ce soutien de l'enseignante lui a offert un gain de confiance indispensable pour prendre sous son aile Basile. Trente ans après, les deux compères sont les meilleurs amis au monde. Cyril se sent envahi de fierté au souvenir de cette première rencontre qui a changé le cours de sa vie. Elle aurait pu être anecdotique. Il en a décidé autrement. Et c'est le principe qui régit sa vie : chaque détail compte. Il donne aux gens qu'il aime toute son écoute, sa bienveillance. Son empathie ultra développée fait de lui un être hors norme. Alors aujourd'hui, recevoir ces mots de la part de Séléné le rassérène. Leur relation n'a pas toujours été facile. Sa compagne est un volcan, avec de grandes colères ravageuses et parfois même une grande violence dans ces propos. Cyril a toujours tenu le cap, il adore la roche volcanique. Elle est gorgée de ponce : elle décape les peaux mortes, rarement avec douceur, mais avec l'apprentissage, on finit toujours par la faire fonctionner sans se blesser. Les entailles l'ont parfois transporté en direction de l'hôpital : bandages, crème, et surtout, temps et patience. On aime les volcans même si on sait qu'ils peuvent tout ravager et tout détruire. C'est pour mieux se reconstruire. Cyril est passionné par ces chaudrons magiques. Il trouve d'ailleurs le 10e mot glissé entre les pages de son *Atlas des volcans*. Le parallèle le fait sourire. Il y décèle le signe d'un grand avenir. La chasse au trésor se poursuit. Le 11e papier est scotché sur le calendrier annuel qui orne leur entrée. « Ça va abîmer la page du mois », pense Cyril. Mais il ne se laisse pas submerger. Le 12e est tombé dans l'eau des fleurs que Cyril est allé chercher pour cette journée si spéciale. Il se moque doucettement de son aimée : « Notre amour prend-il l'eau ? » Séléné se sent froissée. Elle constate de nouveau que, dès lors qu'une étape de sa vie, aussi minime soit-elle, ne se déroule pas comme elle le projetait, elle est profondément déstabilisée. Comme si l'Univers conspirait contre sa réussite. Mais elle a pris conscience que l'Univers ne lui veut que du bien. Elle réagit fortement à toute stimulation en raison des défenses qu'elle a mises en place pour survivre dans ce monde : elle pense devoir être parfaite, irréprochable, pour être aimée. Séléné croit viscéralement qu'aucun être sur Terre ne peut l'aimer telle qu'elle est, *elle*, tout simplement. Non, elle pense devoir mériter l'amour : rendre service, être gentille, serviable, ne pas contrarier. Ne pas exister. Alors ce mot qui prend l'eau aurait pu la faire hurler contre toute personne susceptible de la chagriner, et surtout contre elle-même au fond. Ou bien la faire fondre en larmes. Les émotions chez Séléné se traduisent souvent par des montagnes russes dont elle-même ne connaît pas le tracé. Elle pense que la vie est un combat, dans lequel il ne faut pas baisser la garde au risque d'être prise au piège. Mais sa plasticité cérébrale lui permet d'évoluer : Séléné dépose les armes. Ce mot qui prend l'eau, c'est une invitation au voyage : le papier est une embarcation, qui ne tiendra certes pas très longtemps debout, mais l'amour qu'il contient se diluera progressivement et vivra éternellement à travers les cycles de transformation du liquide. Cette pensée fait sourire Séléné. Elle étreint avec une tendresse inhabituelle son futur mari.

Luna prend la main de son papa pour lui indiquer l'emplacement du dernier mot d'amour. Elle est trop impatiente de connaître la réponse. Cyril trouve le quatorzième papier enroulé sous la table basse. « Original ! » se dit-il. Des moutons de poussière sont accrochés au Post-it. Il fait languir les spectatrices. Le message tournoie entre ses mains, ses doigts, tel un avion qui n'aurait pas l'autorisation d'atterrir : « C'est le dernier ? » interroge-t-il. « Ouiiiiiii », s'agite Luna. « Alors j'ouvre ! »

Veux-tu m'épouser ?

Une onde de choc saisit le cœur de Cyril. Il s'était fait à l'idée de ne jamais se marier. Sa compagne étant une fervente partisane de l'indépendance, elle voyait dans l'institution du mariage une forme d'asservissement de la femme par l'homme. Malgré de solides arguments et d'innombrables discussions, il n'avait jamais réussi à la faire changer d'avis, du moins c'est ce qu'il croyait. Il avait imaginé mille demandes, de la plus banale à la plus loufoque. Une fois, il a même failli passer le cap. Le couple était au restaurant en Italie. Fou d'amour, il allait s'agenouiller quand un lutin est venu perturber son plan : l'enfant d'une table voisine s'était caché sous leur table. Ce gamin s'ennuyait. En l'apercevant, Séléné a explosé de rire et postillonné du vin rouge partout, y compris sur la chemise de Cyril. Il a ri, aussi. De bon cœur. Mais ce jour-là, il a remisé son envie de mariage au placard. Ce n'était pas le moment. Alors en lisant cette demande, en découvrant ce papier, il est chamboulé. Il met un temps fou à se prononcer. Séléné espérait une réponse instantanée. Elle se remet en cause immédiatement. « Je ne suis peut-être pas assez bien pour lui, je suis trop en dents de scie, il ne doit pas vouloir s'engager à vie avec moi. » Trop, pas assez… Un « oui » murmuré vient percer ses pensées. Un « oui » suivi d'un autre, et d'un autre et d'un autre. Un cri du cœur. Les amoureux s'enlacent et se disent « oui » pour la vie. Luna est surexcitée. La soirée est d'une douceur rarement égalée, le repas est partagé à trois et le sommeil emporte très tard la petite famille. Avant de fermer les yeux, Séléné confie ses états d'âme à la Lune. Elle prend un carnet et un stylo. Elle se met à griffonner tout ce qui lui passe par la tête :

Colère *: je me sens parfois totalement envahie. Je ne me retrouve jamais seule et ce n'est pas évident à gérer pour moi. J'ai l'impression de ne plus être libre de mes choix, de mon temps, et c'est parfois oppressant. Je me sens fatiguée, voire épuisée.*

Solitude *: j'ai l'impression de devoir gérer seule d'innombrables tâches, d'avoir des difficultés à passer le relais.*

Tristesse *: de ne pas avoir de temps pour Cyril et moi, de m'énerver contre lui, contre Luna. Je me sens nulle et en même temps je n'arrive pas à rester zen. J'essaie au maximum, mais la coupe devient trop vite pleine, le soir bien souvent. J'en suis désolée. Ça ne me ressemble pas et je n'ai pas envie que ce comportement s'installe. J'ai toujours été tranchante, mais je n'ai jamais l'intention d'être blessante. Je suis maladroite. Je suis en mode survie. Cyril gère tout d'une main de maître. Comme nous n'avons pas la même façon de gérer, cela génère des incompréhensions.*

Égoïstement, je ne retiens que les fois où j'ai eu besoin de Cyril et qu'il n'était pas présent. Alors qu'il assure, grave, mais comme je suis juste épuisée, j'ai la mémoire sélective.

Bon, en gros, je suis chiante, blessante et j'en suis sincèrement désolée pour lui, pour moi. Je sais que les mots font mal et que dire pardon ne fait pas tout, mais c'est mieux que rien, non ?

Tout cet imbroglio dans ma tête et ces contradictions ternissent un tout petit peu l'état de joie dans lequel je devrais me trouver. Alors je prends trois résolutions :

1. *Être plus calme*
2. *M'occuper de ma santé physique et mentale*
3. *Passer plus de temps avec Cyril*

Je me donnerai les moyens d'y arriver. Cette fois le temps jouera en ma faveur.

« Mariam ! Je vais me marier ! Cyril a dit oui !! » L'acolyte de l'atelier d'écriture est la première à être mise au courant de la grande nouvelle. Séléné ne saurait expliquer pourquoi son cœur a eu besoin d'informer cette femme prioritairement. Mariam ne se réjouit pas outre mesure. Séléné se sent blessée, de nouveau.

— Tu n'es pas heureuse pour moi ?

— Si, bien sûr, c'est un beau scoop. Mais Séléné, quand on prend conscience qu'on a été victime de violence, quelle qu'elle soit, le cerveau fonctionne toujours en mode « survie ». Alors il invente des histoires stimulantes pour ne pas avoir à se préoccuper du problème de fond.

— Tu es en train de me dire que ma demande en mariage n'était pas sincère ? J'aime mon futur mari.

— Ce n'est pas la question, Séléné. Quand un être humain traverse une telle prise de conscience, il lui est recommandé de suivre la règle des 5 C : calme – communication – câlin – chaleur – communauté. Comme lorsque tu viens d'accoucher d'un enfant. Là, tu viens de faire naître une autre version de toi-même. Tu as besoin de tout révolutionner, vite. Tu as le sentiment que le temps presse, que tu en as perdu assez. Mais il est essentiel de laisser le soufflet retomber pour sonder ce que tu as vraiment envie de faire évoluer dans ta vie.

— Mariam, tu m'agaces vraiment. Je t'annonce une grande métamorphose et tu me parles de théorie à la con. Je vais préparer mon mariage et vivre la meilleure période de ma vie.

— Je peux te poser une question ?

— Tu viens de le faire !

— Pourquoi est-ce à moi que tu annonces ton mariage en premier ? Nous nous connaissons peu. J'imagine que tu as de la famille, qui va être ravie de cette nouvelle.

Séléné se sent piégée. Elle ne sait pas quoi répondre. Elle ne sait pas pourquoi elle n'a pas appelé sa mère. Ni personne d'autre.

— Mariam, j'ai besoin de soutien. Je sens que tu me comprends.

— Je serai un soutien indéfectible si tu le souhaites. Mais ne peux-tu pas trouver aussi ce soutien chez tes proches ?

Séléné reste interdite. Aussi doucement que possible, Mariam suggère à son amie d'essayer d'analyser pourquoi elle n'ose pas déminer sa situation familiale.

« Maman ? Tu ne veux pas me répondre ? »

Andrée est hésitante. Sa fille a débarqué en pleine semaine chez elle pour prendre le café. « Ça n'arrive jamais », se dit Andrée. « Elle a bien changé depuis la naissance de sa fille, comme si elle devenait incontrôlable. Et puis pourquoi cette question, elle a 38 ans, qu'est-ce que ça peut bien lui faire ? Elle m'emmerde. »

— Maman, pourquoi avez-vous choisi de m'appeler Séléné ? C'est louche. Tu es ultra traditionaliste, l'autre l'était aussi. Pourquoi mon prénom est issu de la mythologie grecque, en rapport avec la Lune ? C'était quoi, votre délire ?

Séléné commence à s'énerver. Elle souffle longuement par la bouche pour se calmer. Le mutisme de sa mère a toujours été difficile à supporter. Elle ne pensait pas qu'une simple question sur son prénom viendrait autant la déstabiliser.

— Et toi, pourquoi as-tu appelé ta fille comme toi ? C'est d'une étrangeté sans nom ! assène Andrée.

— Maman, arrête de chercher à m'offenser parce que tu ne veux pas me répondre. J'ai envie de hurler et de me mettre en colère. Mais je vais choisir un autre chemin. Maman, *mama*, *per favore*, *dimmi*.

Andrée ne résiste jamais très longtemps quand sa fille parle en italien.

— Chérie, ton père avait une force surhumaine, c'était un titan. Il aimait aussi que son ego soit flatté. Tout comme le père de Séléné, dans la mythologie. Moi, je savais que tu aurais besoin de protection et comme la Lune est toujours présente la nuit, nous avons choisi de te nommer Séléné.

— Maman, sérieusement ? Tu aurais pu faire un effort et être encore plus vaseuse dans ton explication. Et puis, il y a au moins trois jours par mois où la Lune est invisible dans le ciel.

— Tu es désagréable !

— Je veux savoir ! hurle Séléné.

— Tu n'es pas prête à l'entendre, mais voilà : ta grand-mère paternelle s'appelait Séléné. Quand elle est venue en France, elle a souhaité franciser son prénom pour une meilleure intégration et s'est fait appeler Solène. Quand elle a rencontré ton grand-père, à tout juste 22 ans, il n'aimait pas ce prénom. Il ne collait pas avec son accent italien. Alors, il a décidé de la prénommer Maria. À cette époque, il était très aisé de modifier des papiers d'identité, surtout pour des étrangers. C'était la condition imposée par ton grand-père pour qu'ils se marient. Ta grand-mère a accepté, croyant que ton grand-père était la passerelle pour un avenir meilleur. Elle n'a plus jamais évoqué son prénom de naissance. C'était un grand secret. La révélation a eu lieu sur son lit de mort. Ton père s'est alors juré d'appeler sa fille comme sa mère, comme une revanche contre son propre père qu'il détestait. Tu es arrivée telle une bénédiction pour lui. Une fille !

— Tu oses encore prononcer « mon père », je suis bien incapable de te cerner après tout ce que tu as vécu !!

— Tu l'emploies toi aussi. Arrête de vouloir détourner l'attention ! Tu veux savoir, je te raconte. Ta grand-mère est morte très jeune d'un cancer du foie. Cette période a été l'occasion de grands échanges entre la mère et son fils.

— Vous avez toujours prétendu qu'elle était morte d'un accident de voiture en Italie.

— Pour te protéger.

— De quoi ? ironise Séléné.

— Tu sais, mourir jeune d'un cancer, il y a 50 ans, c'était honteux. Le monde a bien changé.

— Elle est morte en France ou en Italie ?

— En Italie. Elle avait quitté ton grand-père pour retourner dans son village natal.

— Mais… !! Nous n'avons plus de famille en Italie. C'est ce que tu as toujours prétendu.

— Tu en as. Du côté de ton père. Et du mien.

Séléné blêmit.

— Ma fille chérie, si tu veux plonger dans tes racines, il va falloir que tu aies le cœur bien accroché.

— Maman, je vais me marier avec Cyril. Je suis moi-même maman. Je suis bouleversée depuis que j'occupe ce rôle. J'ai besoin de savoir qui je suis et d'où je viens. La violence fait partie intégrante de ma vie. Je te rappelle que j'ai perdu la mémoire parce que *lui* m'a frappée des heures durant : des coups de pied, de poing, de bouteille, de ceinture, de chaise et de tout ce qui lui passait sous la main. J'ai été battue, humiliée au point de ne plus vouloir exister. Je ne sais même pas par quel miracle j'ai survécu et j'ai construit ma vie. Mais je ne fais *que* survivre. Je ne vis pas. J'ai peur tout le temps. Je suis agressive pour ne pas être agressée. Je crie pour ne pas me faire engueuler. Je suis blessante pour ne pas être blessée. Je n'y arrive plus, maman. Tu as fait tes choix de vie. Ce ne sont pas les miens. Alors, s'il te plaît, aide-moi, soutiens-moi, aime-moi. Cyril et moi sommes presque deux étrangers depuis que je suis devenue maman. On se croise, on ne partage plus rien. « La vie est ainsi faite », pourrais-je me dire, pourtant ces sentiments obnubilants que j'ai au plus profond de mes tripes doivent être éclairés, je le sais. Je dois comprendre pourquoi je me sens si seule, si en colère, si submergée.

— Comme à ton habitude, tu parles de tout et de rien dans une même phrase, tacle Andrée.

— Maman !

— Va à Longarone ! Je ne t'en dirai pas plus. Je suis vieille et fatiguée. Tu vas me tuer avec ta quête de sens.

— C'est moi qui vais te tuer… ?

Séléné calme la passe d'armes.

— Je t'aime tendrement, maman. Merci.

Elle enlace sa mère, un peu machinalement, puis s'éclipse. Son téléphone vibre dans sa poche. « Félicitations pour ton mariage. Je viendrai aux essayages de ta robe de mariée avec grand plaisir. »

En rentrant chez elle, Séléné ressent un besoin irrépressible de noter ses pensées dans son carnet.

Leçons de vie :

– Accepter que ma mère vieillisse.

– Accepter que ma mère ne soit pas toujours soutenante et aidante.

– Garder mes idées et mes projets pour moi, ne pas trop en parler.

Son point de vue formalisé, Séléné ferme énergiquement son meilleur ami et s'attelle à l'organisation du mariage.

Avec Cyril, tout est facile. Leur mariage aura lieu à la mairie d'Avon, commune du Gers dans laquelle il est né. La cérémonie sera suivie d'un grand pique-nique en forêt. Le soir, les invités se retrouveront dans le domaine des beaux-parents de Séléné pour un dîner simple. Ils ne seront pas nombreux : quatre témoins, les parents et grands-parents des deux côtés, et quelques amis. Une vingtaine tout au plus. C'était sans compter sur l'initiative d'Andrée qui a invité spontanément les cousines de Séléné. Les filles de son frère. Cette partie de la famille qui savait. Tout. Qui a vu. Celle qui n'a jamais parlé. Jamais prononcé un mot de soutien. Qui n'a protégé ni femme ni enfant. Qui a privilégié son confort. « Pas de ça chez nous. Ça ne peut pas exister. Ça ne doit pas exister. » Celle qui après la séquestration de Séléné n'a plus jamais offert de cadeaux à Noël. Comme si la jeune fille était responsable. Comme si Andrée était responsable. Le bourreau a été très largement soutenu. Les victimes jamais entendues ni écoutées. L'une d'elles ne se reconnaît pas comme telle. Andrée préfère croire que son mari était un homme bien. Elle prétend avoir fait ses valises. Mais elle n'est jamais partie. Il devait se faire opérer des hémorroïdes. Il y a eu un accident d'anesthésie : allergie aux curares non connue. Son cœur s'est arrêté, il n'est jamais revenu. Tout ça pour une histoire de cul. Personne n'a porté plainte.

Quand le téléphone a sonné, Andrée glissait ses sous-vêtements dans la valise. L'annonce de la mort de l'homme qui partageait sa vie depuis tant d'années n'a pas été un tsunami. Elle a replacé sa lingerie dans le tiroir d'où elle venait de l'extraire, avant même de se rendre à l'hôpital. Pourtant, Dieu sait combien de culottes ont été jetées à la poubelle après avoir été déchirées. Malgré tout, Andrée a pris le parti de considérer son mari comme une personne formidable, un peu houleux, comme elle aime le dire encore aujourd'hui. C'est tout. Son discours n'a jamais varié. Alors quand elle prétend avoir un jour fait ses valises, Séléné s'énerve passablement. Sa mère n'a jamais su la protéger. Elle se demande même si elle avait la volonté de le faire. Les psys lui ont répété mille fois que cette femme était sous l'emprise de son mari et qu'elle était incapable de réagir, de partir. Alors, elle est restée. Heureusement, il n'y a pas eu d'autres enfants. Séléné a toujours eu le sentiment que sa mère avait fait une fausse couche, à la suite d'un passage à tabac. Elle s'est persuadée que c'était mieux ainsi. Il aurait été inutile d'ajouter une autre vie de souffrance dans l'équation. Andrée a comme occulté les périodes de violences. « Normal et classique », disent encore les psys. Mais Séléné ne tolère pas ce fonctionnement. Elle ne tolère plus le silence. Il est donc inenvisageable pour elle que des personnes mutiques, qu'elle n'apprécie pas vraiment et qu'elle ne fréquente plus depuis son adolescence, soient présentes à son mariage. Séléné est complètement bouleversée. La promesse qu'elle s'était faite à elle-même de ne jamais parler de *son père* et de ses comportements ne peut plus tenir. La mort du *padre*, Séléné l'a apprise alors qu'elle venait tout juste de rencontrer Cyril. Comme si la disparition de l'un laissait la place à l'autre. C'était une aubaine. Séléné a pu se cacher derrière cette mort des années durant pour parler le moins possible de lui. Mais aujourd'hui, cette femme est différente. Elle devient actrice de sa vie. Elle va en parler, même à Luna.

Andrée se moque de Séléné en affirmant que sa fille porte le même prénom qu'elle. Elle n'a pas tout à fait tort, même si elle n'a pas saisi l'entièreté de la nuance. Séléné, dans la mythologie grecque, est la déesse de la pleine lune ; Hécate, celle de la nouvelle lune ; Artémis symbolise le croissant de lune. Les trois déesses forment une triade tandis que Luna EST la Lune. Pleine et entière. Noire et invisible. Partielle et lumineuse. Toutes ses phases, tous ses mouvements sont inscrits en Luna. Séléné s'est toujours sentie en manque. La pleine lune est visible de tous. Elle est un passage de concrétisation, de célébration, de remerciements, durant lequel les émotions sont souvent décuplées. Elle permet aussi de se recharger, de rebooster ses énergies. Inconsciemment, Séléné porte cette obligation d'accomplissement en elle. Elle ne trouve pas le repos ni le temps de repli nécessaire à son bien-être. Elle éprouve cette injonction à toujours briller, même avec six côtes cassées. Alors, pour sa fille, elle voulait la complétude. *Luna* s'est imposé comme une évidence, une continuité. Ce prénom est doux et solide à la fois. Quoi que devienne Luna, elle ne sera jamais seule. Il lui suffira de lever les yeux au ciel pour percevoir un soutien inconditionnel. Les soirs de lune noire, les étoiles lui rappelleront l'importance des cycles. Et si le ciel est vide d'étoiles et de lune, elle pourra toujours prendre son portable et appeler sa pleine lune de maman. Depuis le soin d'inspiration rebozo, il y a quelques années, Séléné s'est procuré le livre pour enfant *C'était juste une petite tape*, qui parle avec une grande justesse de la violence des grands-parents. Elle n'est pas encore très à l'aise pour le lire à sa fille. Mais Luna grandit et l'occasion va finir par se présenter. Elle a aussi dans l'idée d'écrire son histoire. Sa fille pourra alors, en temps voulu, se faire sa propre idée sur sa lignée. Il y aura un parti pris, bien sûr. Mais la préoccupation n'est pas d'être impartiale.

En attendant de réunir ses forces pour se lancer dans cette aventure, Séléné prend son papier et son stylo pour écrire dans son carnet :

Ce soir
Ce soir, je suis en joie, pleine de gratitude.
Cyril absent. Moi, au présent.
Ce soir, je suis emplie de certitude.
J'ai joué et ri avec la Lune.
Ce soir, je me suis transformée en siège et en échelle,
loin de ma solitude.
J'ai recouvré ma patience et mon amour.
Ce soir, je ne me sens pas nulle, juste dans ma bulle.
C'est la première fois depuis longtemps que je sens,

que je trouve les mots pour le dire.
Pour dire mes maux.

Séléné éprouve le besoin d'appeler Mariam.

— Allo, Mariam ? Je ne te dérange pas ?

— Séléné ? Tu as un problème ? Une urgence ? Il est tard.

— Oh non, je suis désolée. Je me sens juste bien et je désirais ardemment te le partager. J'ai toujours manqué de personnes-ressources quand j'avais des émotions fortes. Et là, je suis tellement emplie de joie que…

— Je comprends bien. Merci de ton partage. Qu'est-ce qui te procure autant de joie ?

— J'ai passé une merveilleuse soirée avec Luna. J'ai été d'un calme hors du commun, je me suis sentie apaisée. Elle m'a donné du courage. À tel point que j'ai réussi à regarder un reportage sur les violences faites aux femmes après son endormissement.

— Ah oui ? raconte-moi, invite Mariam.

— Savais-tu qu'il y a maintenant une poignée d'enquêteurs spécialisés dans la prise en charge des VFF ? C'est encore trop peu, bien sûr, et la tolérance vis-à-vis de ce type de violence est encore beaucoup trop prégnante dans la société. Mais, j'estime que c'est une belle avancée.

— Je suis moins enthousiaste que toi : 80 % des femmes victimes de violence sont des mères et 75 % des passages à l'acte sont en lien avec la parentalité. Les femmes se retrouvent dans une solitude extrême, à devoir porter leur enfant. Il est tellement difficile de les mettre en confiance pour parler et envisager qu'elles sortent de cette spirale. Les mécanismes de défense sont tellement puissants que ce n'est pas ces quelques enquêteurs qui vont changer la donne.

— C'est très vrai ce que tu dis. Je suis bien placée pour le comprendre. Je suis une personne cassée et j'ai tant de mal à m'exprimer avec calme. Alors, admettons que ce point ne soit pas si formidable que ça, j'ai quand même appris d'autres choses dans ce reportage. Elles sont venues compléter ton explication sur le fonctionnement du cerveau chez l'enfant. Je te raconte ou tu connais déjà tout ?

— Je t'écoute.

— Lors d'une agression, le lobe frontal du cerveau se met hors circuit. Il permet normalement d'accéder à des émotions plus fines et adaptées au contexte. Le système limbique hyperfonctionne alors. C'est un système un peu brut, dans lequel les nuances émotionnelles n'existent pas, et qui empêche la fuite et la défense. Il n'y a plus d'équilibre entre les deux structures et donc plus de possibilité d'adaptation fine au contexte. C'est un peu ce que tu m'expliquais la fois dernière. Du fait de cette organisation cérébrale, le souvenir de l'agression n'est pas enregistré comme un souvenir classique. L'axe du stress est surstimulé, engendrant une sécrétion de noradrénaline et de cortisol anormalement élevée. Ces hormones en excès se fixent de manière toxique et pathologique sur l'hippocampe, qui n'est alors plus en mesure de stocker les informations qui lui parviennent. C'est l'amygdale qui prend le relais. Il s'agit d'une structure émotionnelle qui enregistre les sensations, les odeurs, et qui n'a aucune notion de temps ni d'espace. C'est la raison pour laquelle les détails d'une agression sont inaccessibles pour la victime.

— Tu vas devenir experte en neurologie ! s'amuse Mariam devant l'enthousiasme de Séléné.

— J'ai pris des notes pour pouvoir me remémorer ces notions. Tu sais, c'est tellement réconfortant de me dire que je ne suis pas folle, que je ne fais pas exprès, que ne pas me rappeler n'est pas le fruit de ma volonté. J'ai déjà entendu de la part de psys que j'étais éperdument amoureuse de l'homme qui me battait, donc je refusais de me souvenir, qu'il suffirait que je le veuille pour… Or, j'ai appris ce soir que c'est impossible qu'il y ait une mobilisation spontanée du souvenir, car il n'est pas vraiment enregistré. Il apparaît uniquement sous forme de flash quand l'environnement rappelle l'agression. Moi, par exemple, je transpire excessivement dès que je vois quelqu'un fermer une porte à clé. C'est une conséquence physique de la peur lors de la réactivation du vécu traumatique. Tu as des manifestations comme ça, toi ?

— Non, pas vraiment, répond évasivement Mariam.

Séléné poursuit, à la limite de l'euphorie :

— La raison pour laquelle les victimes d'agression paraissent bizarres ou donnent la sensation d'avoir des réactions inadaptées, et même très longtemps après la ou les périodes de violence, c'est qu'elles traversent des émotions non contrôlables et non modulables. Elles vivent une phase de sidération, c'est-à-dire de paralysie psychique et motrice. Ne pas bouger et ne pas se défendre quand on est battue ou violée est une réaction normale. Pour survivre, un mécanisme de défense se met à l'œuvre : c'est la dissociation. L'excès de cortisol fait en quelque sorte disjoncter le corps pour protéger le cœur et le cerveau. Cette sécrétion de drogue dure vient anesthésier la personne physiquement et émotionnellement.

Le stress s'arrête, la douleur s'arrête. La victime a l'impression de se regarder, se trouve dans l'impossibilité de réagir, n'a plus d'énergie émotionnelle. L'agresseur peut alors faire ce qu'il veut. Pour la victime, la tolérance à la douleur devient hors norme, sans évaluation possible de la gravité de ce qu'elle est en train de vivre. Ceci explique aussi en partie pourquoi les femmes qui subissent des violences chroniques restent, et pourquoi les proches ont des difficultés à saisir l'ampleur des faits. Cette distance émotionnelle des agressées quand elles racontent les violences subies procure un sentiment d'étrangeté à celui qui écoute, voire de non-réalité, qui est souvent propice à faire perdurer un climat de violence tout au long de leur vie. Par exemple, je me demande si ma mère ne vit pas encore une phase de dissociation.

— Tu as l'impression qu'elle est toujours dans une forme d'anesthésie émotionnelle ? interroge Mariam.

— Oui, en quelque sorte. Elle ne revit jamais de moments atroces, ne se retrouve jamais dans des situations explosives. C'est comme si elle ne repensait pas à cette tranche de vie horrible. Je trouve cela tellement étrange. Elle va mourir d'une crise cardiaque à force de tout refouler ! C'est prouvé scientifiquement, tu sais !

— Je sais ! répond sèchement l'écoutante.

— Pourquoi tu t'agaces ? tente paisiblement Séléné.

— Sais-tu, toi, que c'est la haine inconsciente que développe l'agressée contre l'agresseur qui est à l'origine de ces réactions de refoulement ? Sais-tu que plus les personnes victimes de violence sont jeunes, plus l'impact est fort ? Sais-tu que ce n'est pas un choix d'être victime de violence ? Sais-tu que, pour éviter de souffrir, l'attachement ressenti par l'enfant envers le parent violent peut être réversible ? Sais-tu que ce détachement du parent violent est un processus psychique normal ? Est-ce que tu sais tout ça, Séléné ? Rassure-toi, tu coches toutes les cases de la victime de violence. La parfaite victime de violence.

Séléné est bousculée par cette série de questions, qu'elle ne comprend pas vraiment.

— Mariam, je… je… je ne sais pas vraiment quoi te dire. Si tu as besoin de parler, je t'écoute. Qu'entends-tu par « parfaite victime de violence » ?

— Séléné, tu es comme ma sœur. Avec ta mère, vous avez vécu des violences innommables. Moi, j'étais celle qui était là, qui entendait, qui observait, mais qui ne subissait pas. Pas directement. Je n'ai jamais reçu aucune insulte, aucune baffe. Pas un coup. Même pas un cheveu tiré. J'étais même très ouvertement la préférée de ma mère. Le génie de la famille, celle qui fera honneur à notre nom. Alors quand elle se déchaînait sur son aînée, je me sentais prise au piège : parler, c'était trahir la confiance qu'elle plaçait en moi ; ne rien dire, c'était cautionner. Ma sœur ne m'a jamais fait aucun reproche, même quand ses yeux étaient cernés de noir. Elle voyait aussi en moi le phare dans sa tempête. Mais moi, je me sentais accablée. Comment être lumière dans tant d'obscurité ? Et puis, je n'avais rien demandé à personne. Je me suis éteinte. Je ne voulais plus exister. Je ne voulais pas faire de vagues ni lutter contre elle. Pourtant, le phare, lorsqu'il est planté dans l'océan, se doit d'exister, d'être solide, de résister aux assauts de l'eau. Même s'il n'en a plus envie. Qui a déjà vu un phare s'effondrer ou être détruit ? De mémoire d'homme, personne. La semaine dernière encore, en visitant une ferme, je me suis positionnée derrière le fermier et je l'ai dérangé dans son travail. Il m'a fait une remarque un peu acerbe. Je n'en ai pas dormi durant une semaine. J'avais pourtant la volonté de ne pas incommoder un autre visiteur qui observait lui aussi et qui venait très aimablement de me laisser passer. Je n'ai pas de place. Je ne sais pas quelle place occuper. Je suis le phare éteint en pleine mer. Mes pieds sont lestés par du béton. Je suis celle qui subit la violence des tempêtes. Le phare n'est pas simple observateur. Il n'est pas non plus acteur. Il est solide, certes. Imposant. À l'écoute. Il subit. Il n'a pas demandé à être planté là, et pourtant… Qui s'intéresse à ce qu'il veut vraiment, lui ? Le gardien qui l'occupe ? Et quand tu es le gardien et le phare en même temps, comment tu fais ? J'ai été victime de violence. Être témoin, c'est être victime. Ma mère est morte d'une crise cardiaque. Ma sœur est héroïnomane. Sur le papier, moi, Mariam, je vais bien. J'ai 33 ans. Je suis jeune. Je suis brillante. Mais au fond de moi, j'ai cette pression constante de ne pas décevoir, d'être là où on m'attend, de toujours réussir. Alors non, je n'ai pas vécu de dissociation, je n'ai pas de flash-back, je ne suis pas traumatisée dans mon corps. J'ai parfaitement gardé en mémoire chaque instant de ma jeunesse. Il n'en reste pas moins que j'ai été victime de violence. Je n'ai pas un fonctionnement normal. Je me sens obligée de t'écouter, de ne pas gâcher ton enthousiasme. Je ne veux pas te décevoir, alors je t'écoute. Je t'apprécie énormément, Séléné, je n'ai rien contre toi et je suis navrée pour ces mots durs que j'ai eus à ton égard. Mais tu vois, il est tard. Je suis crevée et j'aimerais juste aller me coucher. J'ai encore beaucoup d'étapes à franchir pour me sentir bien dans ma peau. T'entendre me ramène indéniablement à « mon expérience est tellement plus simple que celle de Séléné. Je n'ai jamais fait de séjour en HP, je n'ai jamais eu une côte cassée. » Au fond, c'est comme si mon statut était bancal, voire banal, comme si je n'arrivais pas à me reconnaître victime. Je ne me sens pas légitime. En comparaison de toi, en comparaison de ma sœur. En comparaison de tant d'autres. La vie de ma sœur est chaotique. La mienne, fluide. Comment oserais-je me plaindre ? Comment oserais-je dire que j'ai été victime de violence ?

— Mariam, tu ne te plains pas. Tu as été victime. Tu sais, quand j'entendais le bruit sourd de la ceinture cogner contre ma mère, j'imaginais qu'un ange était à mes côtés et qu'il me faisait un câlin. C'était un peu comme mon meilleur ami tant il était présent. J'étais une enfant, qui faisait avec les moyens du bord pour ne pas sombrer. Mariam, tu étais une enfant. Tu n'avais pas à être le pilier de la famille. Tu n'avais pas à être l'intermédiaire entre ta mère et ta sœur. Ce n'était pas ton rôle. Ce n'est pas ton rôle. C'est pour ça que je veux aller mieux, pour que ma fille n'ait pas à porter le poids de mon expérience. Les enfants ne sont jamais responsables. Tu m'entends : JAMAIS. Ta culpabilité doit disparaître. Ce n'était en aucun cas ton choix. Il n'y a pas de hiérarchie dans les violences. L'essentiel, c'est de réussir à avancer du mieux qu'on peut dans sa vie. Je suis navrée de t'avoir imposé mon appel. Merci de ta franchise, je ferai attention désormais. Bonne nuit, et tu es victime, au même titre que moi. Ce n'est pas une gloire ni un étendard à brandir, mais le reconnaître, c'est ce qui fait notre force. Toutes ensemble.

Malgré l'intensité de cette conversation, Séléné est ravie. Elle a de nouveau ressenti des émotions positives, une forme d'empathie. C'est comme si elle se réveillait après un très long sommeil. Le conflit se règle par le langage et la communication. Séléné se demande pourquoi elle a si peur de parler avec son futur mari. Leur vie de couple repose pourtant sur un principe d'égalité. Ils ont autorité sur Luna, sans dévalorisation ni d'un côté ni de l'autre. Plus encore, Cyril croit en Séléné, quoi qu'il arrive. Et réciproquement. C'est un homme viscéralement bon. Séléné gravit une montagne à travers cet amour : elle ne veut pas refaire sa vie et repartir à zéro ; elle désire explorer de nouvelles voies, main dans la main avec sa famille. Partir à l'aventure pour découvrir le plus beau des panoramas. Alors, elle a une idée. Elle cherche un carnet neuf.

Séléné veut collaborer avec son compagnon de cordée, pour avancer toujours plus légers. Sans jugement, sans violence, elle va proposer à Cyril de prendre le temps de venir déposer leurs émotions, leurs sentiments, lorsqu'ils s'agacent, voire s'énervent, dans cet écrin de bienveillance. La consigne sera de s'adresser à l'autre en utilisant la première personne et en exprimant ses besoins, sur le mode de la communication non violente. Cyril ne sera peut-être pas réceptif à cette énième idée de Séléné, mais elle ne va pas se brider. Les premiers mots qu'elle dépose sont : « Je vis mal d'être seule à gérer. J'ai envie de vivre en meute, avec toi. J'ai besoin qu'on passe plus de temps ensemble, qu'on soit une équipe. » Séléné glisse le carnet sous l'oreiller de Cyril. C'est une première étape.

Au petit matin, Séléné repense à ses cousines invitées à son mariage. Subitement, elle ne se sent plus aussi paisible que la veille. Ses viscères se serrent, comme si une énergie de vengeance prenait possession de son corps : Séléné voudrait leur faire payer de ne pas avoir subi de violences et d'avoir aimé leur oncle, alors qu'il était ultra violent. Ces femmes ne peuvent pas être les bienvenues à son mariage. C'est ce que son corps essaie de lui faire croire. Séléné souffle, prend le temps de respirer. Elle a envie de paix et de considération. Elle veut se construire non plus sur des sables mouvants, mais sur le sol qu'elle aura choisi, elle. Il est temps de trouver un matériau solide et souple à la fois. Elle se rappelle sa volonté d'ascension de la veille. S'élever toujours plus jusqu'à atteindre les neiges éternelles. Le sommet, en sécurité. Alors puisque Andrée souhaite cette présence, pourquoi pas, après tout ? Elles ne sont en rien responsables de cette violence dont ont été victimes Séléné et sa mère. Elles savaient certes, mais elles étaient des enfants. Le récit de Mariam a heurté Séléné. La future mariée a compris que c'est culpabilisant d'être témoin, ne pas être celui ou celle qui est frappé, d'être celui ou celle qui sait, qui voit. Que faire ? Comment réagir quand les insultes sont assénées par quelqu'un que l'on aime ? Que dire quand on ne réalise même pas vraiment qu'il s'agit de violence ? Dénoncer ? Étant enfant ? Quand les événements se produisent à l'extérieur de sa propre maison ? Dénoncer au risque de se prendre des coups, de se voir tirer les cheveux, de prendre une claque, une fessée, dans le meilleur des cas ? Ou de s'entendre dire qu'on est nul et qu'on ne mérite pas de vivre ? Dénoncer, c'est accuser, signaler, trahir. Il faut une force surnaturelle pour y parvenir étant môme. Alors, ne rien dire, c'est avant tout se protéger, s'autoprotéger quand les adultes font défaut. Et finalement, comment Séléné pourrait-elle en vouloir à ses cousines ? Elle ne sait même pas au fond ce qu'elles vivaient chez elles. Être témoin de violence, c'est être victime de violence. Alors peut-être qu'elles sont un peu victimes, elles aussi. Il est peut-être temps de renouer les liens, de tisser un fil. L'araignée avait peut-être trop tendu sa toile, engendrant automatiquement un manque de souplesse. L'heure a sonné pour elle de renouveler sa dentelle, plus fluide ou, tout du moins, avec une tension plus raisonnable, afin de pouvoir à la fois se recentrer et créer un nouvel espace. La vengeance est vaine. Séléné veut grandir, ne plus s'engluer dans ces énergies du passé : les cousines seront présentes à son mariage. Par la pensée, elle remercie Mariam pour cet échange qui a modifié son état d'esprit. Toutefois, Séléné aimerait véritablement se sentir en paix avec cette décision. Elle perçoit encore une forme de résistance et voudrait la confier à quelqu'un. Le carnet de discussion avec Cyril n'est pas l'outil adapté. Cet homme est probablement son ange gardien terrestre. Mais ses ailes, qui la supportent chaque jour, ont besoin de la déposer, pour qu'elle réapprenne à marcher seule sur la terre ferme. Une aide extérieure sera la bienvenue. Séléné est résolument décidée à trouver quelqu'un ou quelque chose pour avancer. Un psychiatre ? Un psychologue ? Une technique alternative ? Elle veut expérimenter. Elle va en parler à sa mère, malgré ses résolutions écrites quelques jours auparavant.

Quatre mois et trois jours, c'est le temps dont disposent Séléné et Cyril pour organiser leur mariage. Comme Mariam l'avait annoncé, Séléné s'étourdit dans la préparation : toutes les phases, les étapes, les détails l'embarquent dans un tourbillon d'occupations. Elle n'a pas commencé son suivi psy, ni même porté attention à Longarone. Elle avait simplement émis l'idée de s'y rendre en voyage de noces mais, sévèrement rabrouée par Mariam à ce sujet, elle a abandonné le projet et a réservé des billets pour Hawaï. Son amie lui répète sans cesse qu'il est nécessaire qu'elle chemine pour elle. Associer son voyage de noces à la recherche de ses origines n'est pas sain. Associer sa mère à l'essayage des robes de mariée n'est pas non plus une idée de génie. Séléné appréhende cette journée, même si elle rêve qu'elle soit exceptionnelle. Comme convenu par texto, Andrée se déplace pour l'occasion. Sa fille espère de la joie et un débordement d'amour. Il n'en est rien. L'essayage est sympathique, presque banal, d'autant que la future mariée choisit le modèle repéré sur internet quelques semaines plus tôt. La jeune femme ne sait pas si elle doit se réjouir de bien connaître ses goûts ou s'attrister de ne pas se laisser porter par la découverte des dizaines de robes suspendues dans la boutique. Pourtant, Séléné rayonne sur les photos. Andrée aussi. Les sourires cachent tellement de non-dits, de souffrance et de douleur. Ce malaise grandissant motive Séléné à annoncer à sa mère qu'elle va commencer une thérapie en mémoire cellulaire. La réaction d'Andrée n'est pas des plus favorables. L'aînée a conscience que cette prise en charge va remuer la boue et elle n'a pas du tout envie d'y être confrontée. « Il en va de mon bien-être physique et moral », lui assène Séléné, déterminée. Il est vrai qu'Andrée ne s'est jamais vraiment inquiétée de ces aspects de la vie de sa fille. Souvent, la mère l'a imaginée morte ou disparue. Elle lui rappelle trop vivement ce mari hautement violent. Elle voudrait tant effacer tous ces souvenirs de sa mémoire. Le lien qui unit mère et fille n'a jamais été solide. Séléné est prête à le rompre, elle s'affranchit. Le mariage était pourtant une belle occasion de se rapprocher. Elle est manquée et ne se représentera plus jamais. Andrée s'interroge sur sa relation avec sa petite-fille. A-t-elle envie de la voir grandir et évoluer ? Elle n'en est pas certaine. Qu'a-t-elle à lui apporter ? Elle ne veut pas plonger dans son histoire. Vivre en surface lui convient. Elle attend avec impatience que la mort vienne la cueillir. Une chose est sûre, Séléné et Cyril ne l'empêcheront jamais de la voir. C'est déjà ça. Les mois et les semaines qui se profilent vont être corsés pour toute la famille. Il va falloir s'accrocher. En attendant, Andrée est soulagée de ne pas avoir à réitérer l'expérience d'une journée d'essayages de robes avec sa fille. L'épreuve du tête-à-tête est trop éprouvante.

Le grand jour est arrivé !
Tout est prêt.
Tout se passe bien.
Tout le monde est heureux.
Ils se sont dit OUI POUR LA VIE.

Cyril profite de ces instants baignés de bonheur. Séléné est un peu nerveuse d'être le centre de l'attention.

Luna est emplie de joie. Elle danse de bon cœur pour célébrer l'amour de ses parents. Cette fantastique énergie l'entraîne à faire des tours et des tours et des tours sur elle-même, jusqu'à ce qu'elle rencontre la table sur laquelle vient d'être déposée la pièce montée. La tour de choux n'est pas encore tout à fait stabilisée. Le choc l'aspire inéluctablement vers le sol, les feux d'artifice qui ornent le dernier gâteau s'écrasent tristement. Les parents, juste à côté, sont épargnés par la crème. La mariée sent le temps se suspendre. Doit-elle s'énerver ? Se mettre à pleurer ? S'enquérir du bien-être de sa fille ? Elle ne sait pas comment réagir. Elle n'a pas les codes. Sa seule certitude : ne pas démarrer au quart de tour. Elle regarde Cyril. Ils échangent un long regard empli d'amour, une promesse d'espérance. La promesse d'un avenir radieux, à deux, à trois. Séléné, la *mama* d'une petite fille, est devenue madame Schka, pour former un trio, à vie. Madame Schka ne veut pas d'autre enfant. Elle se sent emplie et comblée. Elle a tant de choses à faire évoluer dans sa vie, dans ses propres réactions, qu'il est impensable pour elle de se lancer dans l'aventure d'une nouvelle maternité. Elle a tant d'amour pour sa fille, elle veut apprendre toutes les manières de le lui montrer. Qu'elle est belle, cette opportunité de pièce montée renversée, pour cette mère imparfaite ! Séléné exerce une légère pression sur la main de monsieur Schka. Elle lui sourit tendrement et tend les bras vers sa fille. Luna n'a pas encore pleuré, mais ses yeux sont emplis de larmes. Elle a le sentiment profond d'avoir gâché un moment important dans la vie de ses parents. Tous les invités la regardent, elle est le centre de l'attention. Tous les invités retiennent leur respiration. Alors quand sa maman lui tend les mains, elle se précipite vers elle. Séléné ramasse un premier chou et le fait croquer à sa fille, puis en ramasse un second, un peu écrasé. Elle étale délicatement la crème sur le nez de son mari et la lèche tendrement. La dégustation du gâteau de mariage est assez peu habituelle. Séléné enlace son mari et annonce fièrement : « Vous deux, je vous aime, pour la vie ! » L'assemblée applaudit chaleureusement. Les sourires reviennent sur les visages. Les choux sont ramassés. Certains sont immangeables. C'est comme tout dans la vie. Il y a parfois du grabuge, mais on finit toujours par s'en sortir. Ça peut être si simple, la vie, finalement, comme un mariage réussi. Séléné flotte sur un petit nuage. Elle a fait des choix différents et s'est sortie de son comportement automatique. Elle est fière d'elle.

Mariam s'inquiète de l'état d'euphorie de son amie. Elle sait qu'une récupération quasi totale est possible quand une prise en charge psychologique est globale et précoce. Elle sait que transformer la mémoire traumatique en mémoire autobiographique pour ne plus revivre à l'identique les événements violents est indispensable. Séléné est-elle prête ?

Vol A312-47 direction Longarone. Séléné s'assoit sur le siège 24 A. Elle s'interroge encore sur cette décision de plonger seule au cœur de ses racines. Et si Mariam avait raison et qu'elle n'était pas encore prête ? Ses nuits sont ponctuées de cauchemars, bien que son quotidien soit plus léger. Séléné réfléchit : *Maman va bientôt trépasser. J'ai besoin de savoir avant sa fin ce qu'elle m'a caché toute ma vie. Il faut que je puisse en discuter avec elle. Depuis l'annonce de son cancer, elle s'est considérablement tempérée. Elle est devenue si douce avec Luna. Alors il est temps ! Haut les cœurs, même si j'ai mal au bide.*

Made in the USA
Monee, IL
09 November 2026

68108556R20071